2023 年度河北省哲学社会科学学术著作出版资助
河北科技师范学院科学研究资金资助（项目编号：2022YB040)
河北省省级科技计划软科学研究专项资助（项目编号：225576154D）
河北省社科基金项目（项目编号：HB18GJ001）

数字经济下我国中小企业融资问题研究

陈艳霞 著

燕山大学出版社

·秦皇岛·

图书在版编目（CIP）数据

数字经济下我国中小企业融资问题研究／陈艳霞著．—秦皇岛：燕山大学出版社，2023.7

ISBN 978-7-5761-0367-0

Ⅰ．①数…　Ⅱ．①陈…　Ⅲ．①中小企业－企业融资－研究－中国　Ⅳ．①F279.243

中国版本图书馆 CIP 数据核字（2022）第 097570 号

数字经济下我国中小企业融资问题研究
陈艳霞　著

出 版 人：陈　玉

责任编辑：张岳洪　　　　　　　　　　　　策划编辑：张岳洪

责任印制：吴　波　　　　　　　　　　　　封面设计：朱玉慧

出版发行：燕山大学出版社　　　　　　　　电　　话：0335-8387555
　　　　　YANSHAN UNIVERSITY PRESS

地　　址：河北省秦皇岛市河北大街西段 438 号　　邮政编码：066004

印　　刷：英格拉姆印刷(固安)有限公司　　　经　　销：全国新华书店

开　　本：710mm×1000mm　1/16　　　　　印　　张：15.5

版　　次：2023 年 7 月第 1 版　　　　　　　印　　次：2023 年 7 月第 1 次印刷

书　　号：ISBN 978-7-5761-0367-0　　　　字　　数：220 千字

定　　价：64.00 元

一项扎实的为国为民的政策研究
（代序）

陈艳霞博士的专著《数字经济下我国中小企业融资问题研究》即将由燕山大学出版社付梓，邀请我作序。作为她的老师，我欣然同意。

陈艳霞博士的专著研究的是中小企业融资问题。这不仅是一个引起众多学者关注的理论层面和政策层面的问题，也是一项亟待解决的现实难题。2022年中央经济工作会议和党中央、国务院在企业复工复产的调研座谈会上都强调：要深化金融供给侧结构性改革，更好地缓解民营和中小企业融资难、融资贵的问题，增强金融服务实体经济的能力。

然而，尽管中央和各级地方政府三令五申中小企业融资的重要性，尽管金融监管部门一次又一次出台支持中小企业融资的政策，可是相当数量的中小企业仍然面临资金匮乏的窘境是一个不争的事实。

许多人将造成这一状况的原因归咎于中小企业本身。因为，从中小企业自身看，不仅规模小、积累少、缺少担保抵押物，而且普遍财务制度不健全、资金管理能力差、风险补偿机制不健全，与大型企业相比，无论在融资渠道的选择上、融资成本的比较上，还是在融资风险的把控上，中小企业无疑都处于劣势地位。

也有人将中小企业融资难、融资贵的原因归咎于金融机构，似乎正是由于它们的偏见、歧视以及与其相对应的慎贷、惜贷，才加剧了中小企业的融资困境。殊不知，这乃是对金融机构的误解。作为在商业银行兼职六年的高管，作者深知其运营的基本理念。在符合国家法律法规及相关政策的前提下，贷放资金，赚取息差，乃商业银行的基本职能，何乐而不为？固然，贷款项目之间利率高低、息差多少不同，也会有贷后管理难易、风控成本大小之分，从而在申贷项目的选择上，商业银行会有选择的侧重。但是，如果说商业银行在此问题上以企业的规模大小和所有制划线，那绝对是一个伪命题。

所以，要深入探究造成中小企业融资难、融资贵的原因，必须要立足于全新的视角。为此，作者在这方面下了很大功夫。

首先，从内容上看，作者系统地论及我国中小企业融资的方方面面，不仅详细分析了造成中小企业融资困境的自身原因，还从市场层面和政府层面深入探究中小企业融资困境的根源；不仅通过对大量实际数据的分析来揭示中小企业融资困境的现状，还通过阅读大量国内外文献对相关理论进行系统梳理，对学界零散的研究成果进行了概括和总结。

其次，从研究视角上看，作者在分析中小企业融资现状和原因时提出了区域差异、企业所有权差异等独特的看法；在数字金融部分运用AHP分析法实证研究了互联网金融的优势，指出在互联网金融发展方面要以更加包容和支持的态度发挥其积极的作用，在数字金融服务模式下来诠释中小企业融资战略和融资规划。

最后，作为在政府、国企工作多年的经济学博士，作者从更加专业的角度出发，对缓解中小企业融资难、融资贵问题提出了一些比较务实的政策建议。这其中的很多思路来源于作者在工作中的体会和感悟，也有来自中小企业的反馈。整体上看，这些政策建议对改善中小企业融资环境是大有裨益的。

毋庸讳言，本部书稿尚存在着一些不足。比如说，书稿的题目是"数字经济下我国中小企业融资问题研究"，说明作者是想突出研究数字经济时代中小企业融资中出现的新问题。可是从整部书稿的框架结构来看，虽然对数字金融、互联网金融、P2P、供应链金融等"数字经济下中小企业融资"的具体形式有所涉及，可是这方面的研究未能充分展开。

　　因此，期待作者能够循着书稿题目所给定的研究目标深入下去，真正把数字经济时代中小企业融资的新变化、新特征、新思路反映出来，并在此基础上，进一步丰富中小企业融资理论，提出更加务实可行的改进中小企业融资状况的政策建议。

2022 年 6 月 5 日凌晨于北京

前　言

　　当前国际形势纷繁复杂，新冠肺炎疫情在全球肆虐，对我国经济影响日益严重。数字经济时代已经来临，中小企业在保证国民经济稳健发展，保障民生就业方面作用突显。从世界经济发展的历史进程看，中小企业始终都发挥着重要的作用，虽然有时占绝对主导力量，有时是重要补充力量。从当前各国经济体的结构看，中小企业也同样充当着重要的作用。为此，中小企业的问题是世界性的经济问题。在我国经济发展的现阶段，中小企业是国民经济和社会发展的重要力量，能够活跃经济、吸纳就业、增加税收、推动创新、便民利民。但是由于中小企业自身的特点，面临着许多难题，其中融资难最为普遍和突出。这也是世界性难题，各国把对中小企业的支持不仅作为经济政策，也是重要的社会政策。为此研究中小企业融资问题，为中小企业的生存和发展创造有利的融资环境对国民经济和社会发展具有重要的战略意义。

　　本书从一个全面系统完整深入的视角研究了我国中小企业的融资问题，客观、翔实、全面地总结了中小企业融资状况，分析了中小企业融资面临的困难及其根源，提出了我国经济改革的特殊历史原因和经济发展的特色背景。对当前缓解中小企业融资难的各种有效方式进行了详细分析和机理的论证，提出了改进中小企业融资环境的具体建议。

　　本书的研究囊括了目前有效缓解中小企业融资难的各种途径和措施，并在此基础上提出了合理的建议，一方面为中小企业自身融资指明了途径和改进提高的方向，另一方面为各级政府促进国民经济和社会发展、营造良好的中小企业融资环境、及时出台各种政策提供了理论依据。

首先，本书的理论指导来自国内外关于中小企业的融资理论研究，包括国外的研究综述和国内研究的现状，同时正确界定了中小企业融资的相关概念和内涵，在系统总结我国中小企业融资困境现状的基础上，对困境的根源进行了来自政府、市场和企业等不同层面的分析。

其次，着重对中小企业的权益性融资和债务性融资进行了研究。在这部分对各种权益性融资方式的适应条件，作用机理及非公开权益市场中风险投资市场、区域性股权市场对中小企业的融资效率进行了分析，对公开权益市场（主板、中小板、创业板、新三板、科创板）等对中小企业的融资效率也进行了分析。对中小企业债务性融资的主要途径（银行贷款、债券市场、融资租赁等）对中小企业融资的作用进行了分析，主要指出了其存在的不足之处，并对影响债务性融资的重要因素——融资担保进行了研究和分析，论证了其改进融资效率的机理。

再次，本书着重对数字金融对中小企业融资的缓解进行了论述，分别对互联网金融、P2P、股权众筹、供应链金融等方式对中小企业融资的作用进行了研究分析，指出互联网金融作为非正规金融与互联网时代结合的必然产物，有其合理性，对中小企业融资有积极的促进作用，通过模糊数学评价法运用AHP分析论证出互联网金融优于其他融资方式。在介绍供应链金融生态环境构成和发展历程的基础上，对供应链金融在促进中小企业融资方面的可行性进行了论证，并分析了在不同融资模式和组织结构下中小企业融资的实现机制。

最后，进行了我国与东西方发达市场经济国家（美国、德国、日本、韩国）的中小企业融资的比较分析，总结出我国在中小企业融资上与发达国家存在着融资结构、融资机制、融资担保等方面的差距，在此基础上对合理搭建中小企业融资体系，分别从政府层面、市场层面和企业层面提出了切实可行的建议。即从政府层面要建立健全法律法规，加强信息建设，完善信用担保体系，加快建设多层次资本市场并预防市场失灵；在市场层面要转变传统观念，加强金融产品和服务的创新，培育中小金融机构，发挥非营利组织的作用；在企业层面要加强规范管理建设，增强企业竞争力，增强企业信用意识，培养企业家精神，建设良好企业文化，并积极参与国有企业混合所有制改革。

本书对于各级政府制定改善中小企业融资环境的政策具有一定的参考价值，同时对各类中小企业自主选择并开展融资具有重要的指导意义。

目　　录

第一章　绪　　论

第一节　研究的背景和意义

一、研究的背景

（一）中小企业在经济中的地位和作用极其重要

从当前世界中小企业在经济体系中的重要性看，经历了从最初的农业、手工业社会的十分重要到工业时代的相对不重要，又到信息经济社会十分重要的过程。无论是从现代经济学的交易费用学说和信息经济学说的解释，还是进入21世纪世界经济发展的趋势来看，经济活动逐步走向电子化、网络化，甚至智能化，中小企业的竞争优势日益突出。从这个发展的角度上来讲，21世纪无疑是中小企业的黄金世纪。

在我国，中小企业具有极其重要的地位和作用。

第一，中小企业是保持国民经济稳定增长的重要力量。中小企业主体是我国保持和推动国民经济稳定健康增长的重要因素和力量。中小企业存在的行业众多，是最重要的具有推动社会经济发展活力的行业和主体，在应对国际市场的变化时反应快，能够及时地补充和提供新的信息技术产品和服务，有效充分利用各种资源，推动国民经济持续健康增长。

第二，中小企业为转变经济发展方式贡献力量。中小企业的领导者是我们转变市场经济和发展行为方式的主要政策执行者。一些先进科技型中小企业，同时具备了技术创新和促进商业管理模式创新的两大优势，能够生产和发展出新技术、新产品、新商业服务、新模式，对于改造、发展和提升我们的传统产业，开拓新的经济发展领域，调整和优化我们的产业结构具有重要的引领和推动作用。

第三，中小企业关系社会安定和人民幸福。中小企业一方面培养、培育和吸纳了大量城镇就业人员，另一方面为大量的城镇失业和社会剩余劳动力以及城镇居民家庭提供了更多就业的劳动机会和工作岗位。提高居民收入，缩小收入差距，改善生活质量，保障社会和谐都是中小企业为社会经济作出的贡献[1]。

与此同时，据国家统计局公布的数据指出，当前中小企业的PMI指数已经低于荣枯线，这意味着在今后一段时间内，中小企业会表现出一定程度的下滑，未来发展不容乐观，虽然大力提倡"大众创业万众创新"，中小企业数量增加迅速，但能够生存下来的企业很少，平均生存周期为2～4年。此种实际情况下，做好中小企业研究和管理就是落实中小企业的生存和可持续发展的工作，对国民经济的发展及其管理进行各种逆周期操作显得至关重要。

（二）现阶段中小企业融资问题仍然十分突出

解决中小企业的融资难题是帮扶中小企业的生存和融资健康发展的一个核心和基础性问题。中小企业的融资困难问题一直以来都是全世界各国的经济体在共同面对的一个重大难题。在当前全球经济形势日益复杂多变、各国经济都处在增长率下降的阶段，我国经济发展处在向高质量迈进的关键阶段，中小企业生存和发展所面临的形势更加严峻，来自各方面的挑战和压力巨大。其中货币资金流动性作为中小企业经营的供给血液对其生存发展尤其重要。在经过

---

[1] 国务院发展研究中心课题组：《中小企业发展：新环境·新问题·新对策》，中国发展出版社，2011年。

前几轮的货币增发后，在掌控货币供应量，适度控制流动性，为防控通胀的金融市场环境下，中小企业的融资问题愈发突出，形成合理科学的解决融资问题的政策方案更加重要。

政府对中小企业的发展起着主导和协调作用，尤其是在我国政府与市场的分界比较模糊的状态下，政府通过各种政策来影响市场主体及行为，直接或间接地发挥缓解中小企业融资难的作用。我国政府相继出台了《关于进一步深化小微企业金融服务的意见》《关于促进中小企业健康发展的指导意见》等政策性文件。《中华人民共和国中小企业促进法》的修改完善工作也正在由全国人大积极推进。关于加强中小企业的知识产权保护和中小企业减税降费的措施正在逐步落实中，在应对重大公共卫生安全事件和自然灾害时的减税降费优惠措施也在尽可能及时地出台。

市场上金融机构中传统银行对中小企业融资的支持力度在国务院及有关部门的大力提倡下也有大幅提高，但其观念的更新和业务的改进仍然有很大空间。证券公司、保理公司、核心大企业、电商平台、网贷公司、第三方支付公司等参与中小企业的融资的积极性较高，并切实发挥了一定作用，也代表了一种发展方向和趋势。

随着社会分工的变化和发展，以及互联网、大数据、区块链等科技的进步，市场上中小企业的市场化融资也不断地在市场中寻找突破口，随着生产方式的转变，出现了许多新兴的融资方式，在不同行业不同范围上改变着中小企业市场化融资的发展态势。比如：互联网金融、供应链金融、移动互联区块链金融等等。从某种意义上来说，这些新兴融资方式能够有效缓解中小企业与各金融机构之间的信息不对称现象，成了支持中小企业融资的重要金融服务方式。当前互联网中小企业金融虽然在其发展的过程中也出现了一些基础性的问题，但鉴于其自身的技术特点及优势，应该在中小企业的融资服务领域当中占有一席之地。P2P、股权融资众筹等在企业的成长发展中发挥的市场化融资重要性和作用是十分值得中小企业关注的。随着金融科技的发展与进步及这些技术的广泛应用，都会为各种新型的中小企业融资服务方式的发展提供一些基础性的条件，有利于提高中小企业的信息透明度，降低融资成本，缓解中小企业融资困难的现实问题。

中小企业由于自身生产经营方式存在一系列的缺陷问题，例如企业财务信息申报不规范不透明、抵押物不符合要求及资金偿付能力明显不足等多种原因也造成了我国传统的商业金融机构，例如中国商业银行对其贷款很难及时支持。非银行类金融机构、风险投资机构、融资担保公司、融资租赁公司、互联网金融公司、小额贷款公司等都参与了进来，形成了一个多元化的支持中小企业融资的主体。如何解决中小企业融资困难的问题需要从一个宏观的层面进行系统化设计，搭建一个整体的结构，只有通过政府的政策、市场经济环境、金融机构和中小企业自身的协同才能互相配合，营造良好的中小企业融资条件和环境，这样才能有效和系统性全方位地缓解中小企业融资困难的现状。这也可以说是笔者首次提出的一种创新融资观点，即中小企业融资要匹配适合的金融机构，运用适合的融资手段和模式。在此基础上企业家要根据自身的特点和其发展的阶段，量身打造中小企业融资的方案。同时对于企业家的素质和创业精神的培养也都提出了一些建议。本书列举了几种比较创新的中小企业融资手段和方式，并就其机理和作用进行了深入的研究，指出了它们的有效性，分析了利弊得失，给出了发展的建议。

二、研究的意义

（一）理论意义

本书在"麦克米伦（信贷）缺口"平衡理论、信息不对称理论、信贷配给平衡理论、企业金融成长周期理论、MM理论、权衡理论等多种从不同角度对中小企业融资问题研究的国外理论及国内众多专家学者对中小企业融资问题深入研究的基础上提出了与中小企业"融资环境"密切相关的观点。通过客观陈述我国中小企业融资难的现状，分析了其融资困境的原因和根源。接着对当前中小企业的权益性融资和债务性融资等现有的各种方式进行了深入研究，对几种主要融资方式对中小企业融资规模和效率的影响进行了深入分析，并就当前互联网金融、供应链金融等用于缓解中小企业融资难的经济学基本理论机理进行了深入阐述，总结了其生成的历史背景和发展过程，客观地分析了其现状，指出了几种主要融资手段和方式对中小企业融资环境约束的根本缓解和效果，然后从营造良好企业融资环境、改善中小企业融资状况方面提出了针对政府、市场、企业各个层面的合理化建议。因此本书研究从中小企业"融资环境"角度对中小企业融资理论进行了丰富，推进了其他中小企业融资理论的应用，有利于完善中小企业融资相关理论的阐述，为我国制定中小企业融资扶持政策给予了建议。

（二）现实意义

我国的中小企业在国民经济中最为活跃、最有潜力，未来也必然会发挥越来越重要的作用。然而中小企业从金融机构中获取的资金支持与其为社会作出的经济贡献极不相称。如何解决和处理好中小企业在现实社会生活中的各种融资困难问题，直接影响到我国国民经济的稳定健康发展。当前中小企业融资问题也出现了许多新的问题和情况，有一些新的进展和趋势，因此在现实中我们需要通过科学分析中小企业的各种融资现状，并对中小企业权益性融资和债务性融资分别进行分类和指导，全方面系统性地研究和提出政策建议和措施，从政府、市场、企业三个层面共同探讨如何打造中小企业良好的融资环境系统，对帮助中小企业改善生存发展环境具有重要意义，对中小企业自身和对国民经济的发展都能够产生深远影响，为其保持经济社会安定团结，创造更好的经济效益和更大的社会效益提供重要的保障。

第二节　研究思路和结构

一、研究思路

本书始终是遵循提出中小企业融资困境问题、分析融资困境问题和解决融资困境问题的研究思路进行的。首先，在阐述研究背景及意义后，归纳总结国内外相关理论的研究现状，提出了中小企业融资问题虽然由来已久但是常谈常新，依然是当前我国经济中的大问题。其次，通过详细分析我国中小企业融资现状，从产业、区域、制度等多角度深入总结了当前中小企业融资的现实状况，深入剖析了现状背后的来自政府、社会和企业各个层面的原因，然后针对现有的中小企业权益性、债务性等融资方式的运作及作用指出其有利的一些方面和不足的一些地方，特别对于互联网金融、供应链金融等几种新型的融资方式的特点及效应进行了分析和验证。最后，在比较和分析发达国家中小企业融资发展情况的基础上，提出了如何改善中小企业融资环境、合理地搭建中小企业融资体系以缓解中小企业融资困境的意见和建议。

二、结构的安排

本书第一章绪论，提出了中小企业融资研究的重要性和背景，提出了研究的总体思路、结构上的安排及研究融资问题的方法，指出了本书的一些创新及其不足。

第二章进行了相关文献的综述和主要理论基础的概述，包括国内外的融资问题理论研究以及现状的一些理论综述，中小企业融资的一些相关的概念及内涵，为本书后续各章节的主要论述充分明确了其概念和研究范畴。

第三章从融资现状问题出发重点论述了当前我国中小企业为了发展融资的困境问题，分析了显著的特征性融资表现，在融资区域的差异、行业的差异、所有制的差异及中小企业管理方式的差异等方面给予了充分总结性的论证。笔者分析出了近年来我国中小企业融资遭遇困境的主要根源，根据政治经济学的理论指导，主要从当前的政府指导层面、市场环境层面及中小企业本身的层面指出了原因。

第四章为缓解中小企业融资困境，对现有的权益性企业融资渠道和方式的重要性及效果进行分析，从非公开的权益性融资市场与公开的权益性融资市场在缓解中小企业融资方面的作用和效率进行分析，指出了其缺点和不足。

第五章针对中小企业债务性融资的渠道及方式，研究了银行、债券、担保、融资租赁等几种方式的作用及具体特点，分析了存在的一些问题与不足。

第六章重点研究了非正规金融和数字金融对当前缓解中小企业融资困境具有的影响和作用。其中分析了非正规金融的优势和数字金融及互联网金融的情况，并就股权众筹和P2P的作用及存在的问题进行了深入的分析和论证，提出了当前政府对其监管的政策思路的问题。

第七章重点研究了供应链金融对中小企业债务性融资的主要作用及机理，并就存在的问题和发展的趋势进行了分析预测。

第八章针对发达国家如美国、德国、日本及韩国等几个国家中小企业的融资困境发展状况问题进行了阐述，并与当前我国在融资结构、融资担保等方面的实际情况进行了深入的比较。

第九章从缓解中小企业融资难，对现在和未来中小企业融资渠道和方式进行扶持和管理，创造条件和营造良好的中小企业融资环境的必要性的角度出发，对当前政府、市场和中小企业各层面的政策给出了全面系统解决中小企业融资困境问题的具体思路和建议。

第三节　研究的对象与方法

一、研究的对象

从架构上，本书主要研究中小企业融资的相关对象，有三个：第一，中小企业融资的困境与根源，作出分析并找出政府、市场及企业在中小企业融资这个关键问题上各自的作用。第二，研究现实中各中小企业融资方式对中小企业融资的引导作用与效率，主要是分析其不足之处。第三，研究分析中小企业融资环境中我国政府、市场应当运用什么政策工具以及方法来改善其现有融资方式的不足，以达到缓解中小企业融资困难的目标，当然中小企业自身也存在打造内环境的问题。本书的目的是希望能够系统地提出政策建议以制定出一套改善中小企业融资发展环境的政策与体系。

二、研究的方法

（一）规范分析法

运用规范分析的研究方法，通过梳理以及回顾国内外相关文献的资料和研究成果，分析了中小企业权益性融资、债务性融资的困境及其形成的原因和我国特有的融资现象，重点指出了我国现有中小企业权益性融资与债务性融资的方式及其发挥的重要作用。

在微观经济层面，分析政府政策如担保贷款等对缓解中小企业融资难的作用机理；在宏观经济层面，运用现代福利经济学和新古典主义经济学分析政府政策工具的使用及效率。

结合"信息不对称理论""信贷配给理论""长期互动假说"等国外金融理论，系统地研究了我国中小企业经营和融资过程中所面对的各种现实内外环境问题与改善和提高应采取的一系列政府性金融政策，为金融政策建议的有效性提出依据。

（二）规范与实证分析混合运用

规范研究方法是指出这些经济行为"应该怎样"，实证分析是对经济行为现实"是怎样"的分析，在本书中，两种经济分析方法经常交织运用，实证经济分析中常常包含一些对经济价值的判断，而这些规范判断往往是建立在对实证经济分析的基础之上的。本书主要通过对中小企业的权益性融资、债务性融资及中小企业融资担保、融资租赁和互联网金融、供应链金融等几种融资方式及对于我国中小企业融资的作用的具体研究，在充分回答"是什么"的理论基础上，提出了"应该怎么样"的经济政策性意见和建议。实证经济分析的数据和资料不仅充分来自统计资料、网站统计信息，也有部分来自笔者在工作和实践中积累的知识和经验及部分问卷调查，运用逻辑推理也能得出一些确定性的结论。

（三）历史分析与比较分析的方法

本书中两种方法交叉地使用，在各章中不时地运用历史分析法研究我国中小企业融资的发展历程及对各种融资方式发展的历程进行追根溯源，为其提出可行的建议和研究提供了坚实的依据。在第八章专门就我国中小企业融资与当前发达国家的情况进行了深入的比较。

（四）定性的基础上定量分析

笔者运用模糊数学的模糊综合评价法对目前我国中小企业各种融资方式

进行了综合评价，形成了初步的效率顺序结论，为提出政策建议扶持互联网金融提供了依据。在书中也通过采用各种图表、数据分析验证了中小企业融资的方式对于缓解中小企业融资困难的作用和效应。

第四节　本书的创新和不足

一、主要的创新点

（一）角度创新

全面系统地研究了我国中小企业的融资问题，从研究融资政策角度，提出建立健全和完善中小企业的融资政策环境对于解决中小企业的融资问题具有重要的作用。在这个系统中，提出政府的主导性作用巨大，因为中小企业的融资在一定的程度上应该被认为是社会"公共产品"。然而到目前为止，国内经济学界对中小企业融资环境和政府的政策研究比较零散，从融资环境的内外部系统方向上进行研究的较少。

（二）内容创新

在分析我国中小企业融资困境现状时列出了行业区域差异、所有制形式、企业管理方式等方面，在分析原因时提出我国几十年经济改革以大企业、大银行为主的模式是中小企业融资问题的特色历史根源。在政策建议方面，从政府作用层面、市场层面及企业自身等多角度指出改善中小企业融资环境需要系统性的解决方案；指出在互联网金融发展方面要给予一定发展空间，以更加包容和支持的态度发挥其积极的作用；对中小企业提出了加强企业家精神建设和积极参与国有企业混合所有制改革的建议。作为政府政策与公共管理系的经济学研究生，笔者从专业的角度和实践的经验提出了更为具体更为可行的政策建议。

二、存在的不足

（1）中小企业融资问题是世界性问题，也是全球经济发展中的共性现象，相关理论研究多，创新性理论观点不足。有些情况要结合当代中国的实际进行具体分析。

（2）研究问题太着重于全面性，造成一些问题研究的深度不够。有些问题的发展日新月异，我国及时出台的一些政策也产生了积极效果，有待进一步研究论证。

（3）涉及互联网金融和供应链金融的一些数据来源不一定是官方认可的，也可能使本书相关实证研究采用的数据受一定主观性影响。AHP模型的方法有些相关变量的影响需要考虑进去，研究具有一定的局限性。

第二章　中小企业融资理论研究综述

第一节　国外中小企业融资文献综述

中小企业如何融资的问题长期以来被认为是一个世界性的问题，在各个发达国家的经济体系当中都普遍存在，许多西方的学者陆续发表了一些新的有着国际见地的理论和看法。这些融资理论对于近年来我国中小企业融资渠道的技术创新和拓展及整个中小企业融资系统的建设和发展，也都具有一定的借鉴性和指导意义。

一、信贷缺口理论

麦克米伦缺口理论是20世纪30年代，以麦克米伦（Macmilan）议员为首的金融产业委员会开展的对于英国金融业和工商业进行调查提出的拯救英国经济低迷时期针对性措施的《麦克米伦报告》中明确指出的。这项调查发现，当英国中小企业的资产低于25万英镑时，企业将可能遭遇到更严重的融资困难。麦克米伦缺口理论这一现象在许多发达国家的现有金融产业制度体系中都普遍存在。无论是发展中国家，还是发达国家，中小企业的融资缺口问题都是长期而普遍存在的，并且直接影响到中小企业的生存与发展。相关的实证研究很多，W. Bolt和D. Humphrey（2010）[1]论述了中小企业存在的融资缺口的问题，Shun-Jen Hsuch，Yu-Hau Hu，Chien-Heng Tu（2013）[2]通过实证研究进一步发现，新英格兰银行合并后，中小企业融资占银行贷款业务的比例明显下降。

二、信息不对称理论

在对企业经营和融资的理论研究方面，罗斯第一次在论文中提出了企业融资的信息不对称理论。在这种信息不对称理论的指导下，金融机构等企业的债权人对中小企业的真实详细的经营和融资情况一定弱于中小企业的实际经营者，企业为了获得融资的支持也一定会有意无意地制造或利用这种企业信息不对称，为此需要金融机构等作出不利于企业融资的选择以防范中小企业融资方的道德风险。这一理论指出了中小企业融资困境的经济学理论方面的基础原因。

三、信贷配给理论

信贷配给的问题是在金融信息不对称的背景下关于融资配给均衡理论的一个经典研究议题。均衡信贷理论认为的配给生成机制是指一种出于金融银行追求利润收益最大化的动机而可能发生的，在一般法定利率的条件和其他法定附加利率条件下，信贷配给市场不能及时出清的信贷配给现象。学术界关于银行信贷配给市场生成机制的理论解释有很多，其中以斯蒂格利茨和韦兹

[1] W. Bolt, D. Humphrey: Bank Competition Efficiency in Europe: A Frontier Approach, Journal of Banking & Finance, 2010(8):1808-1817.

[2] Shun-Jen Hsuch, Yu-Hau Hu, Chien-Heng Tu: Economic Growth and Financial Development in Asian Countries: A Bootstrap Panel Granger Causality Analysis. Economic Modelling, 2013,32(5):294-301.

（Stiglitz & Weiss，1981）以信贷市场竞争性和信息不对称为基础所发展建立的经济理论和模型最具国际影响力。该模型证明了信息不对称导致的逆向选择和道德风险是银行产生均衡信贷配给的基本原因，从中小企业信息市场经济学的理论角度对中小企业的信贷融资难的问题作出了合理解释[1]。

四、企业金融成长周期理论

Berger 和 Udell（1998）构建了新的企业金融成长周期模型，以企业的规模和成长年限为要素体现在模型中，研究中小企业在成长周期中的融资顺序，提出中小企业会经历一个金融成长周期的理论。由于中小企业早期创立时间短、信息不透明，只能依靠内部融资、商业信用和天使融资；随着企业进入成长期，能够逐渐获得更多的外部债务和股权资本融资，最终企业可通过公开的债务市场和股票市场获得大规模融资[2]。

五、MM理论

Modigliani 和 Miller（1958）提出了MM理论，其要旨是在严格的资本结构假设的条件下，企业无论选择债务融资还是股权融资对于企业的价值影响不大。这里的资本结构假设条件是一个没有交易成本和破产成本的完美的企业融资市场，而当融资市场中存在着巨大的交易成本和破产成本时，资本的结构可能与一个企业的价值密切相关，交易成本较小的变动就能引起资本结构较大的

---

[1] Stiglitz J. E., Weiss: Credit Rationing in Markets with Imperfect Information. The American Economic Review, 1981:393-410.

[2] Berger A. N., Udell G. F.: The Economics of Small Business Finance: The Roles of Private Equity and Debt Markets in the Financial Growth Cycle．Journal of Banking and Finance, 1998,22:613-673．

变化[1]。1963年，两人在理论中加入了债务税收效应对资本结构的影响，认为企业使用债务的名义利息和成本可以有效地抵扣企业税收的支出，据此企业的负债率越高，利息的流动性和税盾效应越大，使得企业的价值随之上升，表明了企业债务杠杆的水平越高，企业的实际资本负债率和成本反而随之出现了下降，企业的价值就会越大[2]。Miller（1988）和 Myers（2001）认为，资本结构与一个企业价值不相关的定理，并不意味着企业资本负债率是不确定的，可将MM理论视为一个基准，而不是理想的最终结果。这些研究其实是证明了最优资本结构的存在，但由于缺少精确的资本结构模型，金融理论家未能确定这一结论。

六、建议政府支持的理论

一些专家和学者建议地方政府一定要大力支持和鼓励扶持中小企业的融资。Francois和Abel（2003）[3]通过理论证明指出，信贷担保是政府用于缓解中小企业融资压力的重要途径。Kellee S. Tsai（2015）[4]指出政府提供的信用担保是将中小企业的风险转嫁给政府的一种方式。在实证研究方面，Cortell A. P.和Peterson S.（2001）[5]对政府给予制造业投资补贴及信贷优惠政策的影响进行了实证研究，研究表明其促进了单个企业产出及资本的增长，同时影响了韩

---

[1] Modigliani F., Miller M. H.: The Cost of Capital, Corporation Finance and the Theory of Investment. The American Economic Review, 1958(3).

[2] Modigliani F., Miller M. H.: Corporate Income Taxes and the Cost of Capital A Corection. The American Economic Review, 1963(3).

[3] Francois, Abel: The Political Entrepreneur and the Coordination of the Political Process: A Market Process Perspective of the Political Market. The Review of Austrian Economics, 16(2-3).

[4] Kellee S. Tsai: Financing Small and Medium Enterprises in China:Recent Trends and Prospects beyond Shadow Banking. Hkust Iems Working Paper, 2015.

[5] Cortell A. P., Peterson S.: Limiting the Unintended Consequences of Institutional Change. Comparative Political Studises. 2001, 34.

国制造业的资源配置。Berger A. N.（2013）[1]研究了荷兰政府对于企业的投资补贴，发现政府的投资有效地提升了企业的偿债能力，但是政府的投资补贴要恰当使用。

七、对新兴融资方式的研究

针对互联网融资体系的建设，O'Reilly于2007年提出，Web 2.0技术的应用大大推动了互联网金融技术以及金融平台建设的快速发展，为中小企业建立和使用互联网融资体系提供了技术保障。Slavin（2007）也认为互联网金融通过多种方式缩减企业融资管理过程中的资金运营、交易、时间等各方面的成本，对于经济基础薄弱的中小型企业来说具有极大的融资成本控制优势。Ethan R.（2014）则从两个方面讨论了互联网金融的创新性，一方面指出互联网金融技术的创新性能够为金融企业和客户提供高效快捷的互联网金融服务和与金融相关的资讯，另一方面指出通过先进的互联网金融技术对于传统金融模式和银行机构进行改良以实现更加优质的金融服务。Walidklidi（2010）从供应链资金流和信息通融的创新性本质意义来看，供应链金融主要是通过整合集成链上所有的参与企业之间的物流、资金流、信息流，综合运用多种金融工具向供应链上所有的参与企业提供金融服务，以合理的方式协调了供应链内部货币资金的使用和运作，优化了资金结构和运作效率的新型供应链信贷模式以及融资体系管理模式。

[1] Berger A.N.: Relationship Lending and Lines of Credit in Small Firm Finance. Journal of Business, 2013,68(3):51-382.

第二节　国内中小企业融资研究综述

改革开放以后，随着民营中小企业的迅速发展，我国的专家学者开始了对中小企业融资问题的研究，在分析原因的同时也提出了一些切实可行的建议，形成了较为丰富的理论成果。

一、分析根源方面

李扬、杨思群（2001）主要研究认为，由于中小企业自身的发展基础薄弱形成的倒闭率和违约率高，导致了银行对其贷款的困难。同时指出，目前我国的中小企业融资难的问题不仅仅是来源于中小型企业和投资银行普遍存在的信息不对称，同时也是由于我国中小企业转轨时的经济所特有的一些制度上的结构性障碍和管理上的缺陷所直接引起的。林毅夫、李永军（2001）主要研究认为，中小企业融资过程中的信息不对称，不仅容易直接导致道德风险，还容易直接损害债权人等相关金融机构的利益，因此往往不被金融机构普遍看好，导致中小企业融资困难。林毅夫则特别主要地研究了转轨时期我国中小企业的融资难问题中的信息不对称方面。黄益平（2019）讲道，我国金融体系的两大特征是银行主导和政府干预比较多，这个金融体系比较擅长于服务大企业、制造业和粗放式经济发展，我国目前的金融体系在服务民营企业和中小企业方面，存在一些天生的短板。

二、政策性金融理论

政策性金融理论认为发展金融服务是我国经济的引导性途径，也就是通过促进我国经济的持续稳定增长，实现经济阶段性的目标。对于中小企业的融资这种对我国的经济在阶段性发展过程中需要进一步加快和完善的服务，应加强各种政策性支持和引导。针对这样的引导性现象，党的十八届三中全会报告中明确提出了我国金融发展和改革要通过商业性支持金融、开发性支持金融、政策性支持金融和社会合作性金融四种类型合理明确分工、协调共同推进。

三、信贷人权利保护理论

信贷人权利保护理论指出：信贷是一种权利，对每一个中小企业来说都是可以拥有的基本权利，所谓信贷配给更应该突出向中小企业进行配给，而不是对大企业的供给。中小企业合法享有信贷和融资配给权利是中小企业正常经营发展的一个基本需要，是金融发展权、金融公平权在对中小企业方面是否落实的一个基本体现。该理论认为扶持中小企业，改善中小企业融资环境是政府的责任和义务，体现的是中小企业自身权利能否得到公平对待的问题。这种理论使我们重新认识到，中小企业的融资难不是因为中小企业自身的弱势条件或是市场失灵，而是因为中小企业没能得到公正的待遇，缺少相应的权利保障。比如信贷中对抵押担保物的限制就是对中小企业的权利缺乏保护的表现，中小企业也拥有除了不动产之外的其他资产，却不能做抵押担保。

四、政府干预失灵的理论

之前"信贷"融资缺口理论指出这是一种市场失灵。根据经济学理论指导，市场失灵时要用政府这只"看得见的手"来进行解决，这是在世界上发达的市场经济国家对中小企业的融资失灵问题的研究和解决方案中可以得出的结论。我国政府在研究制定和实施执行中小企业融资的政策时往往缺乏一定的效率和明显的效果，有时即使让中小企业融到了资金，在实际当中也没有切实增加中小企业的整体收入和福利，或者严重地影响了中小企业的未来发展决策和走向。在中小企业融资方面，政府和市场应当互相补充，在不同范围和情境下发挥作用。

五、研究缓解措施方面的理论

针对不同中小企业的融资特点及对中小企业融资难问题的相应措施，巴曙松（2010）通过研究提出了要通过限制中小金融机构的地域和规模来明确其为中小企业融资服务的专业性，同时要明令限制其为大企业提供融资等若干建议。林毅夫和李永军（2011）进一步指出，我国中小企业的信用担保风险管理体系的构建，要从银企合作关系的风险管理角度进行介入。李扬（2011）进一步指出为中小企业融资提供信用的担保体系可以视为一种公共金融产品由我国各级政府部门负责提供并在整个担保风险管理体系中发挥关键性的风险保障作用。黄阳华（2014）着重提出我国应该建立专门服务于中小企业的小金融机构，并实施扶持政策和措施来帮助中小企业快速实现其融资模式的多元化和转型，实现融资方式和渠道的多元化和拓展。鲍静海和郭雷（2010）主张中小企业融资应该积极探索开拓一个除银行信贷以外的渠道，建立安全高效的中小企业融资风险管理平台，提高中小企业自主承担风险融资的能力。颐海峰（2009）进一步强调了要加强公共预算对中小企业政策性的信用担保代偿机制的支持，就是要通过纳入政府财政预算的资金来建立政策性信用担保体系的机制。

六、金融生态环境的研究

周小川（2004）将生态系统概念引入金融领域，并指出要改善金融生态环境，通过完善法律制度的途径来推进金融的发展。许诺金（2005）也在总结金融生态环境特征方面进行了研究。2006年中国社会科学院金融研究所在李扬、王国刚等负责人的主持下开展了"中国金融生态环境研究"的课题，对来自我国291个地市的信贷质量、结构、地方经济、金融数据进行了分析，确定了9项评价城市金融生态环境的因素，并以此对城市金融生态环境的影响力进行了排序，由大到小依次是法制环境、地区经济基础、地方金融发展、金融部门独立性、诚信文化、社会中介服务、地方政府公共服务、企业诚信、社会保障程度[1]。

七、对新兴融资方式的研究

吴晓灵（2013）把利用互联网技术和金融的本质和功能的结合归纳为：中小企业通过利用互联网金融技术可以实现的金融服务，把利用互联网技术看作发展金融业务的重要手段之一。谢平（2014）根据当前互联网技术和金融大时代的背景提出"融资"工具箱的假说，并认为"众筹"这一新兴技术具有信息高度透明、交易成本低下的技术优势，能够帮助企业进行互联网融资。但是中小企业在开始进行"众筹"前必须首先确保一定的企业信用基础和融资项目的可行性。杨涛等（2015）认为互联网金融的产生与发展，是由于传统融资模式和融资渠道不畅，及中小企业现实的融资需求而引发的，并在发展过程中不断更新和完善。曾建光（2015）提出借助网络安全感知能够帮助互联网金融更好地防控风险。彭雷（2014）指出互联网金融的三大优势因素：互联网信息分

---

[1] 李扬、王国刚：《中国城市金融生态环境评价报告》，2006 年。

析和处理能力、网络技术和信息检索能力、数据处理能力。张志浩（2013）从银行角度出发对供应链金融违约风险进行了定量和实证研究，分析了产生违约风险的原因并作出了评估。深圳发展银行和中欧国际商学院共同组成的"供应链融资"课题组（2009）在供应链金融方面进行了深入研究，形成了得到各方基本一致认可的概念共识，为供应链金融下了比较全面的定义，同时研究了供应链金融的优势和基本模式。

综上所述，国内外学者在不同时期从不同层面和不同角度对中小企业融资问题进行了研究，得出了一些结论。但缺乏全面系统性和指导性，从政府政策、市场环境和企业角度系统研究改进中小企业融资环境的理论尚不足。笔者认为政府对中小企业融资环境的改善起着主导作用，理应运用各种政策工具，从顶层设计层面有针对性地对中小企业各项融资需求给予支持以产生积极的效果，同时也需要市场上各参与主体的配合，包括融资企业自身条件也要不断改善，共同营造中小企业良好的融资环境。另外对当前互联网金融、供应链金融等融资方式发展过程中出现的问题需要进一步深入研究，要给予正确的认识和适度的发展空间，不能希望一蹴而就也不能搞"一刀切"，对发展过程中出现的问题要客观对待，取长补短，合理利用，丰富中小企业融资的方式。

第三节　中小企业融资基础概念

中小企业融资大致可以分为权益性融资和债务性融资两种，按资金取得的来源可以分为内源性融资和外源性融资。外源性融资又分为直接融资和间接融资，划分标准是企业是否与投资人直接面对面商谈。

一、权益性资本融资

（一）权益性资本的概念

企业的权益性资本是企业成立、发展依靠的主要资本，包括企业刚刚注册时，由投资者以现金、实物、无形资产等形式投入的资本金和后期经营所得的利润留存。权益性资本为企业的运行奠定基础。所有生产要素的投入都需要资金来保障，资本金具有最基础的保障作用；权益性资本的稳定性是受法律保护的，我国法律规定不许抽逃资本金；权益性资本为企业后续的债务性融资提供了基础条件。

（二）权益性资本的融资方式

企业筹集权益性资本可以来自内源性融资，也可以通过发行权益性金融证券来获得。对于大多数中小企业来讲，发行权益性金融证券因条件严苛而高不可攀。首先，中小企业本身对权益性资本的融资需求量较小，要低于在公开资本市场发行金融证券募集的最低标准，其发行的规模效益不高，也影响了推荐机构等参与主体的积极性。除了一些高成长性科技企业，其他行业的众多中小企业想到公开市场上发行股票时间距离和条件距离都很远。

其次，金融监管部门对于公开发行权益性金融产品的资格要求较高，对中小企业的总资产规模、净资产规模及连续盈利的能力等等提出一些限制，这对于大多数中小企业来说门槛较高。

最后，公开发行包括机构的服务费用在内的融资费用较高，融资时间也较长，这些与中小企业融资要求的快速、及时、便捷都有差距。然而私募发行很适合中小企业，有其特点和优势：一是能量身打造，按需定制；二是费用较低，因为大多是直接面对面商洽，谈判对象数量也不多，也很少有正式的金融中介机构介入；三是信息无须公开，也节省筹措资金的时间，效率较高；四是直接融资使双方可以面对面商谈一些合同条款，在筹资数量、条件等多方面灵活性较大。

内源性融资大多是来自企业留存收益。因为资金来源于内部，没有融资费用，成本低，并对原有股权结构不形成稀释和改变。但是，由于中小企业规模有限，利润不高，所以内源性融资只是在企业初始阶段发挥作用，成长期就跟不上企业的需求了。

（三）中小企业权益性资本融资特征

在现实当中，中小企业筹集权益性资本的做法是比较复杂的，其资金来源也较复杂。表2-1对此简要地进行了概括。

表2-1　中小企业筹集权益性资本的渠道

分类		来源	特点	投资者
内源性		企业业主和股东	保开张并为承担债务奠定基础	企业业主和股东
		利润留存	没有融资成本，但数量有限	企业业主和股东
外源性	私募	天使资本	投资于种子期和初创期	具有闲置资金或管理、技术方面的个人或组织
		风险资本	投资于高成长性企业	个人、企业、各种金融机构
		场外发行和交易	机构投资者、有限合伙制机构，中小企业通过股权交易、整合、发行新股等方式	个人、企业、投资银行、保险公司、养老基金
	公募	主板	大企业、中型企业	公众
		中小板、创业板、新三板、科创板	高成长性高科技型，风险投资退出的通道之一	

可以看出非正式渠道是中小企业筹集权益性资本的主要渠道，从保护投资者角度来看，需要对融资方的中小企业进行有效的监管和约束；从完善正式资本市场的角度看，非正式渠道的作用是有效的补充，这也需要在整个经济体内建设良好信用文化，完善相关法律制度。

权益性资本大多以内源性融资为首选，来自企业内部融通的资金，是由企业创始人在成立时最初投入的原始资本和后期经营利润转化为资本共同组成，因其来自内部所以是企业自有力量最真实的体现，为企业生产发展提供最早的支持，后期的经营利润也是企业扩大生产规模和实现发展的基础。

在西方市场经济发达国家，成立中小企业均是以内源性融资为主，多由初始的几个发起人或几个合伙人提供自有资金。但其社会文化环境下也产生了大量的天使投资，是个别有多余资金的人出资对某些具有专业化或创新概念的项目进行的最初始的股权投资。它是出于天使投资人对创业者的关系或信任，在企业发展早期对其的资金支持，不具备风险投资的专业性和结构性，具有自发性、个体性的特点，而且大都比风险投资还要早。天使投资虽然不属于企业自有的资金，但天使投资完全是原始资本的作用，体现了最初的股权关系，可视为原有投资人的内源性融资。

企业在经营发展中的净利润，也是其权益性资本的重要来源，但中小企业的特点决定了其最初的竞争力和盈利能力都不会太强，这也使中小企业利用自身积累滚动发展的空间有限。

根据企业金融成长周期理论，随着企业的不断发展，其融资渠道和在融资结构中所占比例也在不断地产生变化。在成立之初，大多以内源性权益性资本融资为主，部分企业可得到外源性的创业天使基金作为权益性资本。在企业进入成长期后，才具备了公开发行权益性资本的条件。也有一些中小型的高科技企业或独角兽企业，由于在资本市场上的影响很大，能够吸引大量的风险资本投资成为其可得性外源性投资。现实情况表明，越是在企业成长早期，权益性资本对企业的扶持作用越强。

二、债务性融资

（一）债务性融资的分类

中小企业的债务性融资按来源分为内源性债务和外源性债务。内源性债务是来自企业内部的各种借款。外源性债务是指企业主要依靠自身之外的市场主体，通过一定的方式借为自己使用并支付利息的资金。外源性融资中的直接融资指借贷双方直接发生信用关系，其方式无论是面对面还是在公开市场购入债券，中间没有机构进行资金的转接。虽然多由经纪人或证券商来安排交易，但他们也只收取佣金。直接融资可以使中小企业获得相对长期的资金，且利率相对低，程序简单。间接融资是借贷双方的资金通过中介再到企业，资金在金融中介手中，是否放贷并不由资金真正的主人决定而是由这些金融中介决定（见表2-2）。

表2-2　中小企业债务性融资的方式

债务形态		适用性及特点
内源性直接债务融资	业主或股东借款	由业主、股东、合伙人提供，多见于企业发展初期，信息较充分，利率较高
	亲戚朋友借款	亲友提供，数量较小，使用灵活，利率不高
	事业天使借款	来自高管、专业技术人员等企业共同利益者，特定用途，使用受限，利率可能较高
	职工借款	来自职工，有时有一定的强制性
外源性直接债务融资	商业票据	在市场上发行或与相关客户发行，多为大中企业，要求信用级别
	债券发行	大多为大中型企业，少数小企业有资格
	商业信贷	用赊账或铺货的方式
外源性间接债务融资	银行贷款	最主要部分，信贷配给
	非银金融机构贷款	财务公司、信托公司、金融租赁等金融机构提供
	融资租赁	以实物资产为基础

（二）内源性直接债务融资

内源性直接债务融资具有方式灵活、借还款自由、利率相对可调整的优势，让企业在早期承受较小的压力，有利于企业发展。这种融资的辐射范围不会太大，局限于企业所处的行业和地域。但这种方式对于大多数企业是必需的而且是极其重要的，在一定程度上直接决定着企业是否能生存下去。为此对于这类融资，我们不仅不应采取限制和打击的政策，而且还应使这种融资活动中的债权人和债务人的利益得到法律的保护。这种情况出现在不发达国家的概率较大，因为其市场管理跟不上，法律制度不健全，对合同双方缺乏良好的法律保障。

（三）外源性间接债务融资

外源性间接债务融资是中小企业融资的主要来源，这在世界上所有国家的情况中基本是一致的，其中银行贷款构成最主要部分，在中小企业债务中占中小企业外源性融资的绝大比重。

银行在向中小企业提供贷款时，与向大企业提供贷款时所考察的内容不同，其中企业主个人的素质、管理与发展企业能力和信用记录等会成为贷前分析的重点。这主要是因为，中小企业的经营状况在很大程度上取决于企业主个人的特质，在这一点上大型企业显然受企业家个人影响较小。另外对抵押品的要求也远远高于大企业，以此加大对道德风险的防范和补偿。

（四）外源性直接债务融资

外源性直接债务融资渠道中，发行商业票据和债券只有到中型规模或成熟期以上才有可能，而商业信贷对早期的中小企业较为适用。在商业信贷中商业赊销最为常用，是使用率较高但却并没有引起理论界重视的一种融资渠道。中小企业使用商业信贷的形式比较灵活，其机理如下：一是一些产品供货商为抢占市场，采取向产品销售商提供货物以形成铺货赊销的方式；二是鉴于产品供需双方长期的业务关系，其间的信息不对称程度要比销售方与银行之间的要轻得多，此种信用的使用便捷程度明显强于银行贷款。

商业票据要求发行人具备较稳定的高信用级别，大多数中小企业没有信用评级，而且受市场影响波动较大，加之商业票据的发行费用是固定费且存在着发行的规模不经济问题，所以大多数中小企业难以发行商业票据。对于一些处于稳定增长的中型企业由于现金流量稳定增长，企业在市场中的地位较高，同时企业具有稳定的中长期债务融资的渠道和机会，可以在一定区域市场内发行商业票据和债券。现今中小企业私募债的应时而生，大量发行，极大地鼓励了中小企业提高信用，从而使用债券融资这种外源性的直接融资。

第三章　我国中小企业融资困境及原因分析

第一节　我国中小企业融资的现状

一、融资渠道少，依赖机构程度高

依据我国中小企业的分类标准统计，到2018年底，各行业中小企业数量远远超过8000万户，并且由于就业形势严峻，一些失业者自谋职业成为创业者，使中小企业数量猛增。随之而来的中小企业的融资需求必然大幅增加。然而调查问卷结果表明，仅在2016年需要筹资而没有筹到足够资金的中小企业占比达到了38.8%，其融资难的情况仍然持续，而且其融资方式大多采用内源性自筹的方式。

从图3-1可以看出，传统地从银行争取贷款的方式仍然是中小企业融资中占比最高的融资渠道。然而银行对中小企业的信用要求及抵押条件较高，而且审批流程时间较长，无论是最终的放款数量还是时间需求上与中小企业的需求都存在差距。而在所有银行中，大型国有商业银行占比相对较大，在资金总额上高于其他性质的银行，如图3-2所示。

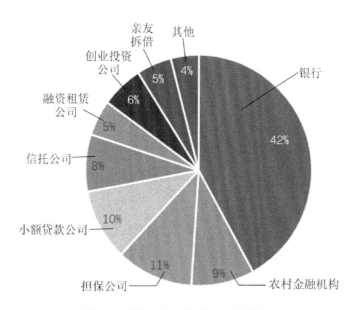

图3-1　我国中小企业融资来源饼状图

数据来源：国家统计局　http://www.stats.gov.cn/

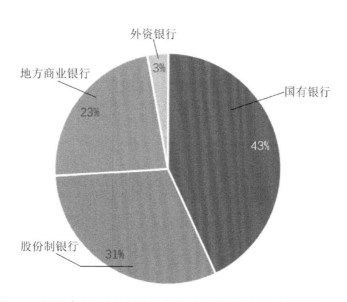

图 3-2　我国中小企业银行贷款中不同性质银行所占比例饼状图

数据来源：国家统计局　http://www.stats.gov.cn/

从图3-2可以看出，我国中小企业在融资时多选择国有商业大银行以及股份制银行，占比74%，其次是地方商业银行，占比23%，通过外资银行贷款的中小企业较少，仅占3%。银行作为规范性强的金融机构，虽然存在对企业贷款期限、风险评估和审批程序复杂、时间较长的特点，但一经审批所获得的相应的贷款金额也较高。中小企业从股份制银行所申请到的资金一般利率上浮至少20%，或者50%左右。地方银行归属于地方行政领导，对本区域内的企业扶持作用是比较明显的。

如前所述，我国中小企业融资来自直接和间接两种渠道，对于直接融资来说，由于我国资本市场层次性制度尚不完善，中小企业可利用的资本市场多处于中下层，也存在着狭窄的问题。一是天使投资经历了起伏，目前数量少，金额小。中小板的上市要求相比较中小企业生产规模小、盈利水平低的现状来说仍然较高，较多的审批程序、较长的融资历程使绝大多数的中小企业根本没有机会。新三板市场经历了较大的起伏，分层优化作用不明显，也没有充分发挥应有的作用。虽然有些地方成立了区域股权市场，但交易活跃度小，交易金额不多。新开立的科创板只为高科技高成长性的企业提供了一种机会。总体上讲，大多数中小企业通过发行股票和债券进行直接融资不太可能，主要融资渠道还是依赖各类商业银行贷款。

从图3-3可以看出，中小企业贷款需求程度要远高于银行贷款获批程度，一部分中小企业在申请银行贷款时将不会得到满足，因此，只能采取私下的融资方式，向亲友、职工借贷或者向各种民间借贷融资。对于我国大多数中小企业而言，没有固定、可靠、稳定的融资渠道，加之当前经济处于低谷阶段，金融机构从自身商业利益出发惜贷、抽贷或变相提高利率，使中小企业融资难上加难。

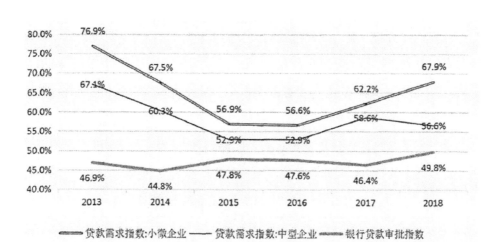

图3-3　2013—2018年中小微企业贷款需求指数与银行贷款审批指数

数据来源：中国人民银行数据统计司

二、融资成本高，内源性融资为主

我国中小企业在得到银行贷款时也要付出更高的利息成本，承受更短的期限和更严格的条件。在贷款资金进入生产流程后还不能产出效益时，就需要偿还贷款了。大部分股份制银行或城市商业银行通常要提高贷款利率，上浮利率30%～50%，即使国有商业银行也通过收取各种费用，或改变支付手段加上一部分承兑汇票等以增加自身的利益所得和风险保障，这些都变相地增加了中小企业的融资成本。

一些中小企业借用民间融资时看重的是其灵活和便捷性，在此过程中，如寻求担保，则需要支付贷款金额10%～30%的保证金和至少2%～3%的担保费，也有担保公司会提出使用一部分贷款资金的要求，无形中加大了中小企业融资的总成本。小额贷款公司作为一种专为中小企业服务的融资渠道，其贷款利率也不会低于担保银行贷款的总成本。即使这样，随着金融监管的加强，小贷公司的数量和放款金额也在逐渐减少。据数据显示，截至2019年6月末，全国共有小额贷款公司7797家，贷款余额同比减少了304亿元。地下钱庄会以商业银行利率倍数放贷。风险投资和私募机构则是向企业直接提出股权要求或提出苛刻的对赌条件。由此可见，中小企业不得不接受如此高的利率，处在受排挤和盘剥的境地，经营的压力巨大。

承受不了高额利息的中小企业只能从内部寻求资金，于是形成了以内源性融资方式为主的特点，例如温州地区最近几年中小企业的融资方式，见表3-1。

表 3-1　2013—2016年温州市中小企业融资方式比例表

年份	外源性融资	内源性融资
2013	32%	68%
2014	26%	74%
2015	33%	67%
2016	25%	75%

数据来源：2017 中国人民银行温州市中心支行

从2013到2016年，温州地区中小企业的融资中内源性融资所占的比重比外源性融资所占的比重明显要高，内源性融资与外源性融资比例始终保持相对稳定的态势，内源性融资明显2倍至数倍于外源性融资。温州作为我国民营经济发达地区，营商环境较好，中小企业实力基础相对雄厚尚且如此，其他地区的中小企业则更是形成以内源性融资为主的模式。

三、区域差异明显，经济金融因素影响较大

我国中小企业融资情况普遍不佳，但在我国的不同区域还是存在着差异化的特点，总体上呈现出：东部沿海地区因经济发达，金融业聚集，中小企业融资较中西部地区方式多一些，便捷程度高；中西部地区因经济发展水平有限，金融服务及创新程度较低，加之从业人员素质低、比例较少，在中小企业融资方面较东部发达地区更为困难。

从信贷融资看，据《中国金融年鉴》的统计，2017年52%的新增中小企业

贷款规模分布在浙江、江苏、上海、广东等东部沿海地区，只有23%新增的贷款分布在西部，25%的分布在中部内陆地区。由此可见东部沿海地区中小企业的信贷和融资能力要明显地优于中西部内陆地区。从目前我国各地区中小板和创业板的企业数量可以反映出来，东部中小企业的直接股权转让融资也可能要相对优于中西部中小企业。在进入中小板和创业板直接融资的企业中，东部中小企业数量占据了绝对优势。

经济较发达的东部沿海地区中小企业的融资状况要优于中西部内陆地区，深层次的原因有几点：一是从统筹配置金融资源角度看，经济发达地区受配置更多。我国的市场经济尚处于不发达的阶段，政府在金融资源上采用配置方式，更多地为经济发达地区服务，也使得同区域中的中小企业受益。二是东部沿海地区与中西部内陆地区各自市场经济的发育程度水平不一，造成金融服务水平不一。相比较经济欠发达地区，经济发达地区的资本市场成长发育更加完善一些，具有更完备的市场制度为中小企业的直接融资服务，表现为资本市场的丰富和活跃程度明显高于中西部地区。对于金融服务不论是政策还是内在需求，东部经济发达地区均为重点发展区域。三是社会经商历史和诚信文化不同。由于东部沿海经济发达地区历来商贾云集，经济形式较内地繁荣，交通发达，信息量大，市场更广阔，金融服务更具规模效益，使中小企业的各种交易成本低，这些优势给企业发展带来的综合收益覆盖了生产要素的高成本，而且民间社会诚信度较高，因为中小企业若有违约，所享有的优势都将消失，会得到各方面的惩罚，对企业后续生产经营极为不利。所以在东部沿海经济发达地区中小企业也更愿意提高信息透明度，各主体之间的信息不对称程度较低，中小企业信贷违约率更低。以上原因看出，在各种金融资源配置集中、市场发育程度较高和企业社会诚信文化更发达的情况下，东部沿海经济发达地区的中小企业融资难程度要轻一些。

四、行业差异性较大，高科技高成长优势明显

经调查研究发现，中小企业融资能力会因所处行业产业不同表现出不同的难易程度，主要的影响因素大致有三个方面：一是所处行业的平均盈利水平，通常盈利水平高的行业会得到较多的金融机构的青睐，无论从资金的回报率和安全性保障，还是资本市场的平均市盈率来看，盈利水平始终是资本关注的重点；二是行业的成长前景，对于技术含量高、成长快速的行业企业较多地受到关注；三是行业集中度指标，行业集中度低给中小企业的发展空间要大一些，大企业占有较多的份额会让中小企业未来竞争难度增大，企业发展受限。大致可以概括为：行业的盈利水平高、成长性强、行业集中度低，则该行业中的中小企业融资难度较小。1998年浙江省有关部门对平均销售规模近2000万元的中小企业作了专项调查，发现在不同行业，由于企业融资能力差异较大，资金短缺程度不同，其中平均贷款难程度为64.09%。医药、电子类因技术含量高融资难度较低，而传统的建材、纺织、食品加工类贷款难度较高。虽然此项调查距今时间较长，但其结果仍具有一定说服力。总结行业因素对中小企业的影响的基本规律为：行业技术含量越高，企业融资难度越小；反之，企业融资难度较大。这与资本市场对行业与企业的未来预期成正相关关系。由于近几年国家对新兴产业、高科技产业的支持政策更为具体，资本市场对科技含量高的企业更为热情，在风险投资、私募债等市场上，高科技的中小企业较传统产业的中小企业更受青睐的现象也印证了上述的分析结果。

五、所有权歧视仍然存在，国有企业占有优势

在我国当前的信贷实践中，企业的所有权性质仍然在一定程度上影响企业获取贷款的难易程度，民营背景的中小企业贷款难度明显高于国有企业，其贷款满足率也最低。这在数据上能够明显地表现出来：非国有经济占全国工业总

产值及GDP总值的80%左右，但在金融资产中只占有不到30%的比例。

企业所有权性质是银行选择贷款的条件之一。尽管我国宪法中明确了非公有制经济的地位，而且中央也一再强调"两个毫不动摇"，但由于历史形成的传统观念影响，商业银行为国有的背景与国有经济成分的一致性，加之地方政府的倾向性指导，使许多中小企业在贷款方面明显劣于国有企业。同时在调查中也发现，民营经济发达程度的差异也会影响银行决策。笔者曾分别询问了江苏苏州、江阴和河北石家庄地区的银行行长："在贷款条件基本相同的情况下，唯独不同的是国有企业和民营企业背景，这个因素是否会影响释放贷款？"江苏的大部分回答是"不一定"，而河北的大部分回答是"会倾向于国有企业"。这个提问虽然笼统，但也说明了一些问题。从江苏的情况来看，非公有制中小企业在该地区经济结构中占有主要部分，其经济活跃程度高于国有企业，所以银行包括国有商业银行发放贷款时面对的大多是民营企业，对企业的所有制性质不作为考虑的主要因素。而从经济相对落后的河北省看，国有大中型企业在地区经济中占比较大，其业务量较大，而民营企业发展实力与速度均不如江苏强大，金融机构贷款为防范风险和支持地方经济支柱等多种原因，明显地倾向于国有企业。因此，不可否认的事实是，国有商业银行，包括股份制商业银行，在释放贷款时潜意识里还是会考虑企业所有制因素，即使有地区差异也是来自地区间的经济结构的差异。

非公有制经济不发达地区的中小企业融资，所有权背景会是一个重要因素。银行等金融机构对国有企业，即使属于中小企业也能够由于国家的信用背书而给予贷款或授信。一些集体中小企业经过改制也发展成为民营中小企业，但其基础较为坚实，有集体资产作为改制前的注入，即使改为民营，资产状况也较好，较之个体工商户或纯民营的中小企业也更容易融到资金。其原因是：我国的金融机构大多是国有性质，从历史背景渊源的一致性看其支持目标体系是国有企业，长期形成的传统思维惯性依然是将支持民营中小企业作为次要任务看待。

同时，张捷（2002）利用相关数据对中小企业"所有制歧视"进行了检验，结果表明所有制的差异与贷款比率之间基本上不存在相关性，反映了在市场机制较成熟的地区，所有制歧视不对中小企业融资产生显著影响，这是在经济发达的广东省的状况[1]。而在其他经济不发达地区，国有商业银行对国有企业的资金支持从方式到金额上都明显优于非国有中小企业。这说明所有制歧视是市场经济不发达的一种表现。从我国四十余年的改革开放进程看，国有大中型企业受到金融机构的待遇明显优于中小私营企业，这是有目共睹的客观事实。但随着我国市场经济的发展和逐步完善，遵循市场规则，摒弃所有制差异观念将会成为一种趋势。

六、传统文化和企业管理方式影响明显

受到中国传统文化观念和当前社会价值观的影响，许多中小企业都想要做大做强，中小企业主个人的发展欲望也无可厚非，无论是股东还是经营者在追求企业规模和发展速度上都是竭尽全力。中小企业主在融资方面的需求是强烈和迫切的，有的天天为融资犯难而不知改进提高自身条件，有的融资决策与投资决策不匹配，盲目投资造成项目收益达不到预期不足以覆盖融资成本，不能按时还款形成违约和信用等级下降，为以后的融资形成了障碍。

经过研究发现，中小企业的规模对融资的难易程度有影响，规模大的较之规模小的较易融资，原因来自金融机构对其风险的研判，其认为规模与抗风险能力成正比。另外我国的中小企业管理制度差异很大，一些家族特征明显的企业与法人治理结构规范的企业相比较，融资方面遇到的困难更多一些。一方面原因是信息不对称更加明显，银行等金融机构的逆向选择更加明显；另一方面企业产权不清晰，家族资产与企业资产分不清，个人收入与企业收入混为一谈，

---

[1] 张捷，王霄：《中小企业金融成长周期与融资结构变化》，《世界经济》，2002 年第 9 期第 63 页。

让金融机构对企业的要求抵押无法实现,这也与中小企业为缓解融资难需要完善企业治理结构并提升现代化管理水平相符合。

第二节 我国中小企业融资困境的根源

在前述经济学理论中认为信息不对称是中小企业融资难的根本原因。信息不对称作为经济社会的常态因素在融资时客观存在,但于中小企业与银行等金融机构之间更为严重。大多数中小企业为获得银行贷款在提供信息时有意无意地片面或刻意隐瞒信息。在我国,信息不对称较为严重,除了上述的一般情况外,还可以从几个维度来分析:一个维度是我国长期经济发展过程中形成的历史的和现实的原因,另一个维度是我国当前的市场经济发展阶段,政府与市场各参与主体之间的关系及各自内在的问题都直接或间接地影响中小企业融资。本书从后一维度出发,客观现实地总结了来自政府、市场及企业自身三个层面的各种因素。

一、政府层面的原因

改革开放前,我国中小企业以国有中小企业和城镇集体企业为主,改革开放后市场经济开始繁荣,原有的企业改制以及众多人"下海"兴办了许多新型的集体企业和个体私营企业等非国有企业。据此,可将我国的中小企业融资的发展划分为三个阶段:改革开放以前的阶段,由于在计划经济体制时期,大部分企业的发展都是以国家调控、计划为主,中小企业发展的资金来源(即所谓的融资手段)也大多为民间自筹。第二个阶段为改革开放后至党的十八届三中全会以前(1978—2013年),我国经济从有计划的商品经济体制阶段到进入社会主义市场经济初级阶段,中小企业的融资方式发展了银行贷款、发行股票债券的方式，部分企业得到了国家相关资金基金的支持，同时民间非正规金融开始发展。第三个阶段为2013年至今，党的十八届三中全会以来提出的完善金融市场体系方面的改革，促进了中小企业金融服务的多元化发展。

经济体制改革早期，计划经济的指导方针使我国大型国有商业银行以优先支持国企改革为己任，形成了多年以来的惯性思维和业务模式，股票市场成立之初也是为国企改革服务的，有些企业和个人得到了过多的金融资源而大部分中小企业却没有得到有效的金融服务，这与中小企业的社会贡献不成比例。为此，我国政府也出台了一系列鼓励支持中小企业融资的政策，但政府作为当前改善中小企业融资环境的主导力量，还存在一些问题，大致有以下几个方面。

（一）管理体制不顺，职能效能仍待提高

首先，机构不独立，管理多交叉。我国政府机构中部分省份虽然成立了中小企业管理局，但一般挂在工业和信息化厅下面，大部分中小企业依然按照产业行业、所属区域及管理部门等分别管理。存在着政策口径不一、管理权限不清的现象，使中小企业面对管理不知所措，被多方插手和重复收费，呈现中小企业的宏观和微观管理权分散的现象[1]。

我国政府行政体制大致分为国家和地方两个层面，国家层面国务院成立了中小企业发展领导小组，工信部设立了中小企业局承担中小企业发展的宏观指导职能；中央金融监管部门如人民银行、银保监会、证监会（以下简称"一行二会"）及各地方分支机构负责监督管理主流金融体系的各项活动。在国家正规金融体系中找不到负责中小企业融资的机构和管理部门。地方政府层面对中小企业融资问题也存在着多头管理，又多头不负主责的现象。我国多数省份刚刚将以前临时性机构"金融办"改组成地方金融监督管理局，负责地方金融发展服务协调等职能，有的设在省政府，有的是省直属事业单位。对地方金融事

---

[1] 蒲茂强：《当前我国中小企业融资难问题研究——从温州危机谈起》，西南财经大学，2012年。

务的管理工作也分散在多个部门,在海南省,融资担保管理职能设在省财政厅,典当行、融资租赁管理在商务厅;多数省份融资担保职能由工信厅主管;浙江省经信委负责融资担保,典当、商业保理、融资租赁归口商务厅,农村信用合作社则由农业厅负责管理。

近几年来随着金融案件层出不穷,新兴互联网金融的出现,各地方金融监管任务加大,对于各种非持牌金融机构和类金融机构这些地方金融风险和金融乱象,"一行二会"各地分支机构,无法做到有效管理,于是各地将原有金融管理临时机构组建为地方金融监督管理局,在继续承担原来省金融办的职责的基础上,也整合了原来散落在其他部门的一些金融管理职能。各地分支机构的职能更多的是监督和管理,在防控和化解系统性金融风险成为重要任务之后,其监管的力度也日益加大,对各种融资方式不是加以科学的管理,提高自身监管水平,而是大多采用"一刀切"的方式全面禁止,这对于管理部门来说是省事了,但把中小企业融资的路也堵死了。

其次,政府职能转变速度慢。由于对中小企业融资及其重要性认识不足,政府部门职能仍然存在缺位和越位现象,例如,有的直接参与指导中小企业生产经营活动,利用行政权力过度打压中小企业的话语权和决策权;又比如该做的不到位,为中小企业服务意识差,没有主动了解中小企业融资需求,也没有为中小企业融资切实解决问题。

最后,沟通机制缺乏,信息不畅通。地方政府与中小企业没有建立有效沟通机制和信息反馈渠道,对经济形势和中小企业融资情况预估和研判不足,使政策的制定和落实有一定的滞后性,政策的效果没有充分发挥出来。

(二)财政货币政策有缺陷,作用不明显

从国家层面上出台了几方面支持中小企业的政府政策,包括财政税收政策、货币政策、融资政策、社会化政策等。但是,这些政策在执行中大打折扣。

财政政策含有专项资金和创业引导基金,其目的是从有限的财政中拿出一部分真金白银,通过引导社会资本和发挥市场的效能切实支持中小企业融资,但从其运行效果看,使用效率并不高,对中小企业的扶持作用并不明显。有的采取直接拨付无偿划拨的方式,没能发挥市场的杠杆作用。有的拨付后的管理也比较随意,不跟踪效果,管理能力不足造成某些企业利用低效、无效的落后技术获得高新技术企业等认证头衔,进而骗取国家的科技创新基金等。有的鉴于自身管理能力不足,又担心发生风险,干脆不作为,任由资金闲置而不能进入企业发挥作用。另外结构上不合理,具有向高新技术企业严重倾斜的导向,使一些外资类的技术引进的项目被过多地补助,本地小、弱企业则基本得不到扶持。在选择时机上又大比例地给予成熟期的企业,对成长期的企业缺乏判断和扶持。

财政政策中税收优惠尽管实行了一系列政策,但实际执行当中,由于多数税收优惠是有期限的,而且期限很短,受惠企业少,有的还有资格审查,提升了受惠企业的门槛,减少了覆盖面,受惠的范围和幅度极其有限。另外有的政策实行的不确定性也使企业无法进行预期,影响了企业决策。加之执法人员的能力素质不高和腐败问题,使中小企业的纳税遵从成本较高。

财政政策中对相关支持中小企业融资的机构的支持政策,效果也不理想。比如:每年财政补贴政策性担保机构支持中小企业,但一些政策性担保机构是商业化、企业化运营,要接受国资保值增值的任务及股东的考核,其业务类型公益性不强,反倒使中小企业融资成本提高;政策性银行中绝大多数的贷款支持大企业大项目,对中小企业的扶持微乎其微;对银行的风险补偿也存在着缺乏明确统一的制度架构、风险分担机制不完善的问题,以至于在经济下行时,即使有政府的补贴但不足以覆盖中小企业违约,银行依旧"惜贷";对证券业的补贴更是多此一举,本身就是资本市场的行为,无论是从投资行业的收益丰厚的角度,还是中小企业上市后融资状况的改善角度,都不应再接受财政补贴。这些政策并没有起到对大多数中小企业融资的有效支持。

我国的货币政策是调节宏观经济政策的重要组成部分,其松紧程度也直接影响着中小企业融资的状况，因其没有地方区域差异化，也会在实施政策时使其效果与目标相差很远。所有这些政策对中小企业融资来说，仍然是"玻璃门"。

（三）政策仍然存在所有制歧视

在改革的各项措施中，中小企业没有受到平等的待遇。比如在2008年大规模的经济刺激计划向市场投放大量金融资源，最大的受益者还是国有大中型企业。

近几年出台的政策受众多是分类进行的，对企业规模和所有制性质作出了规定，对大型企业和公有制企业比对中小企业和非公有制企业考虑得多；在税收政策上，国有企业可先缴后返，且力度较大，而非国有企业享受不到，即使有返还在执行时间和方式上也打折扣；民营中小企业实际税负和缴税成本较大；有的情况下，国家为大企业优化资产负债可以核销银行呆坏账；另外在行业准入上，中小企业也是面临着很多限制而不能转化为融资的条件。

（四）政府提供的担保体系不健全

在我国目前的业务实践中，银行主要从自身商业利益出发，为减少呆坏账，要求中小企业贷款附带抵押和担保。我国的银行很少接受除土地和房地产以外的其他抵押品。银行接受抵押品的条件主要是依赖于作为抵押品的资产能否顺利地出售变现以及抵押的资产价值是否保值。这也与我国当前资产处置市场不发达有关：一方面是没有充分的市场环境使大多数抵押品缺乏流动性，不能及时处置变现；另一方面是因为银行对其他资产如机器设备、存货、应收账款、知识产权等缺乏鉴别和定价能力。这就需要从国家层面建立自上而下的系统的担保体系，这在发达国家已经有成熟的经验可以借鉴。

政府提供信贷担保和增强信息服务会缓解中小企业融资过程中的信息不对称问题和道德风险问题，减少或替代银行对中小企业抵押的要求。

假设政府能够为中小企业信贷提供担保，银行等金融机构开始愿意为中小企业提供贷款，扩大了贷款的供给，会让中小企业的融资需求在较低水平的利率上得到满足，这时信贷量增加了，信贷缺口将消失，政府的担保解决了信贷市场失效的问题。政府的信贷担保不仅降低了中小企业得到贷款的利率，减少了融资成本，而且也使信贷量大于了最初的量。政府的担保，承担的是一部分银行针对信息不对称和道德风险所付出的多于非中小企业的监管成本。政府的担保集中管理了中小企业的风险，发挥政府及其代理机构的优势包括税务、审计、工商部门对中小企业进行更为深入的判断，这个过程中政府的成本要小于金融机构的成本，整体效益增加。

政府的信贷担保还能减少中小企业的道德风险，主要因为大多数中小企业融资到了寻求政府担保的时候，是在其他渠道无法实现后争取到的最后机会。虽然这样的中小企业已经面临很高的道德风险，但是同时这样的中小企业选择不偿还贷款的可能性也较小。这样的担保贷款如果违约，中小企业不会再得到其他方式的融资了，企业会衡量一下，这样的综合成本太大，所以选择不违约。

由此可见，政府加强对担保行业的支持是有效缓解中小企业融资困境的举措。我国近几年从两方面扶持担保行业发展。一方面加强法律法规建设，2010年银、保监会等七部委颁布《融资性担保公司管理暂行办法》，2014年银、保监会等八部委联合发布《关于清理规范非融资性担保公司的通知》，2012年实施《中小企业信用担保资金管理办法》，同时要求各地建立长效管理机制，加强从业登记，提高行业透明度。另一方面利用财政资金引导信用担保行业发展，财政部通过设立专项资金计划和直接奖励补偿担保公司的风险。中央财政先后安排18亿元、30亿元于2013年和2014年建立中央基金支持地方担保机构和再担保机构为中小企业提供担保业务，推进建立担保代偿补偿机制，大力降低中小企业担保费用。

从运行效果看，政府推动融资性担保机构的发展成为弥补市场失灵的重要手段，但是仍存在着一些问题：正确处理协调融资性担保机构与银行等金融机构的关系往往受政府忽视，金融机构的市场化运作和商业性需要使其在与担保公司的关系中处于强势地位。担保公司内部规范管理的问题，公司的风险控制不完善和代偿率过大，使得大量的担保公司破产倒闭，连一些国有担保公司也在所难免。民营担保公司与银行签订合作协议的难度加大，金额减少，使担保公司不仅在数量上而且在业务量上减少。目前我国国家层面和国有担保公司数量不多，而且社会缺乏良好的信用环境和完善的征信体系，使其为中小企业融资贡献较少。这必将使中小企业的融资渠道减少。为此政府需要做的工作很多，如从建立自上而下的政府担保体系入手，加强信息共享机制和资信评级机构建设，不断完善相关法律机制，加强人才培养等各个方面开展工作。

二、市场层面的原因

在当前我国政府与市场边界尚没有完全清楚的情况下，分析市场层面的原因要基于现实的市场表现，其改进的方向也在相当程度上依靠政府的力量。本书在此处是总结现状，最后一章的建议当中，有些是政府应该进行顶层设计和主导的。

（一）多层次资本市场有待完善

完善的多层次资本市场体系会帮助中小企业解决融资困难这一点在理论界具有共识，在世界各国的实践中得到了印证。各国实践表明，中小企业在成长发展的过程中，需要正规和非正规金融市场、公开的和非公开的股权交易市场及主体共同参与，在中小企业不同的阶段发挥不同的作用。这就要求我们为了解决中小企业融资问题，需要形成多样化的金融市场才能满足中小企业多样化的融资需求。以此，目前我国的中小企业融资方式过于简单，正规融资市场功能过于单一，需要及时对各种非正规金融市场，如股权场外市场、天使投融资市场、民间借贷市场等加以引导和规范，丰富和完善中小企业的融资体系。我们需要认识到，解决中小企业融资问题就需要建立一种适合中小企业发展壮大的金融机制和金融环境，就需要对现有的资本市场进行丰富和补充完善，释放一定的自由度来发展中小企业融资体系。

（二）中小金融机构供应不足

根据长期互动假说的结论，中小金融机构与中小企业具有先天的亲和力，同时无论从实际成本核算还是边际成本理论出发，中小金融机构对中小企业融资来说是最经济的。我国从国家层面还未建立专门为中小企业服务的金融机构，这使得我国大部分中小企业得到金融支持的比例远小于世界上有专门的中小企业金融服务机构的国家。在我国，有的大中型银行设立了专门的中小企业部或类似的小微金融部门，但由于内部审批流程和其他业务大多是一样的，少有独立性，同时银行考核的业绩指标仍然存在着数量规模的指标，因而影响员工做中小企业业务的积极性。现有的国有商业银行大多实行审批权力上移，使基层支行即使想做中小企业业务也是无权无力。银行内部考核的指标使贷款供应减少，更加不利于中小企业增加业务份额。目前，我国还没有成立专门的全国性的服务中小企业的金融机构。各地的城市商业银行、农村信用社改制的农商行和村镇银行是一种有益的探索。但从各地政府管理体制来看，提高对本地企业支持与限制跨区域经营又限制了其作用的发挥。增加对中小企业的服务功能就是落实金融服务实体的重要体现，为此建立专门的中小金融机构是金融供给侧结构性改革的应有之义。

（三）法律法规不健全

我国经济发展现状对中小企业的发展提出了更高的要求，转型升级向高质量发展的方向非常明确，与发达市场经济国家相比较，我国在促进中小企业融资的相关法律法规建设方面存在着很大的需要补充的空间。

目前指导我国中小企业的法律只有《中小企业促进法》，该法进行过一次修订，修订后仍然存在一些问题。首先，法律条文仍然过于形式，多处运用到

"鼓励""支持"，没有指出具体方面的具体规定，也决定了其仍在不断完善过程中。如在新版《中小企业促进法》中专门规定了对中小企业的融资支持政策和措施，指出："要鼓励和引导银行和金融机构加大对中小企业支持力度，提高服务水平，为中小企业改善融资环境。"而这些条文没有明确的可操作性，对中小企业在融资过程中专项扶持资金的使用、风险补偿机制的设立、担保制度的完善等都没有具体操作流程和指导意见。其次，没有设立法律责任专门章节，没有建立对违法行为的处罚制度，也没有明确保障中小企业合法权益的主体和诉求渠道。

中小企业融资作为中小企业发展需要支持的重要方面，从中央到地方没有出台专门的规章，只是作为一部分内容纳入中小企业发展的大课题当中，专门的实施细则也没有出台。

（四）信用信息制度不完善

社会信用服务体系和信息服务体系能够对造成中小企业融资难的根本原因的信息不对称起到缓解作用，而我国在这些方面制度严重缺失，直接影响了我国中小企业的融资。

首先，我国中小企业信用评价体系不健全。我国于2014年提出了建设中小企业信用体系，此后出台了一系列政策措施，通过对信用信息、信用平台、失信惩办等内容的梳理整合构建了中小企业信用体系的框架。目前仍然存在许多问题，如：信息数据分散度高，整合利用率低，更新速度慢；缺乏统一的平台和渠道查询，信息准确性没有保证措施，社会单位对企业的全面信息无法查证和甄别；部门内部与部门之间的信息沟通机制缺乏，使得公共信用信息平台应当发挥的作用大打折扣；机构和信用评级制度不健全，平台宣传力度不足，导致了中小企业对信用平台的了解不足和利用率低下，缓解信息不对称的作用不强。

其次，我国中小企业信息服务体系亦不完善。当前我国信息服务体系，方式单一，内容狭窄，甚至连某些国家级部门的网站上也较少能搜集到准确适用的信息。信息化建设应该是市场经济的基本要求，也是我国政府的社会化政策之中的内容。这项工作对于中小企业自身来说不能要求过高，因其自身资金、规模所限，对信息共享资源建设不会重视。企业之间更无法形成合力，也不能产生集聚效应。就目前情况看，在国家和企业层面都存在着信息更新缓慢、结构失衡的问题。大多现有的信息服务的内容也只是一般性的，不具备指定性，不能与市场及时匹配，也无法解决不同企业获得其适合信息的问题。

我国目前也尚未建立以企业资信档案为基础的信用制度，社会上从事商业化信用信息服务的机构较少，没有形成整个社会注重信用的氛围和违反信用应受严惩的意识，致使部分中小企业的信用观念淡薄，存在各种违反信用的手段、方式和行为。这些不良现象对中小企业作为一个整体的社会刻板印象产生了不良的影响。

（五）银行内部存在缺陷

我国改革开放初期，银行业务中对企业的监管和约束不重视，风险管理工作较弱，导致了大量坏账，于是在1996年我国整合了银行等金融机构，大量的中小金融机构如城市信用社、农村信用社等关闭或合并，此过程肯定对中小企业贷款不利。另外，整合后的银行的贷款标准更加严格，对中小企业增加了贷款难度。相关研究也表明，中小企业在实施金融机构整合时受到影响较大，获得新的贷款时面临更大的困难[1]。

银行内部也存在着阻碍中小企业获得贷款的技术性壁垒，如对贷款评价技术及贷款审批的程序、操作经验不足，发生不良贷款时对信贷人员终身追责等等。实施这种严格的政策一方面说明银行内部的风险管理机制和整体管理水平欠佳，另一方面也导致具体信贷操作人员为中小企业贷款缺乏积极性甚至回

---

[1] 李扬，杨思群：《中小企业融资与银行》，上海财经大学出版社，2001 年。

避。为此，许多银行，特别是整合后的国有商业银行和城市商业银行，大规模投资国债等产品，而缩小对中小企业的贷款规模，于是中小企业最主要的债务融资渠道变得更加狭窄。

同时，利率和收费规定的合理性和科学性对中小企业融资也产生较大的影响。银行等金融机构为对冲风险向中小企业贷款时收取较高的利息，这其实是符合市场经济规律的。但我国的利率管制和对收费的有关规定恰恰是明显阻碍了金融机构向中小企业贷款，成为中小企业过高融资成本的助推手。这是由于在我国规定了银行贷款的基准利率，且浮动范围较小，同时要求国有商业银行不得对其所提供的其他服务和产品收取费用，一些股份制银行因背景不同，大幅提高中小企业贷款利率。在非正规金融市场上，社会资金方见正规金融机构不愿向中小企业贷款，而中小企业贷款需求强烈，使其感觉到稀缺而大幅提高利率，最终中小企业不得不接受过高成本的资金。非正规金融市场上，中小企业的平均利率达到银行利率的2倍以上。政府管制利率本意是为了降低中小企业贷款成本，但种种因素表明价格受市场调节的影响更大，银行从商业市场的角度评估了为中小企业贷款的风险和价格而没有权力提高利率，这也正给非正规金融市场以大幅提高利率的空间。放开利率管制，引进市场化竞争机制，让市场机制调节中小企业融资的利息和规模，会使中小企业最终受益。

另外，目前我国银行的技术水平较低，对中小企业能提供的多样化抵押品缺乏相应的管理技术和手段，很难达成认可这些资产和方式，造成中小企业贷款很难，只得另觅他途。

三、企业层面的原因

中小企业本身也是市场经济活动的主体，但又作为融资主体，从分析内部因素的角度也会对中小企业这一整个群体的融资难负有一定责任。

（一）管理规范性不强

长期以来，我国中小企业的管理是粗放式的，不规范的。首先，大多数中小企业的所有权与经营权合一，没有法人治理结构。这种特点在中小企业发展初期能够提高决策效率，保持队伍的稳定。但是随着企业的成长发展，企业所有者个人的管理能力会面临挑战，也可能搞成一言堂，使错误的决策也会被执行。家族式管理使权力过度集中，企业员工也没有存在感，积极性不高。这种个人集权化会阻碍企业发展，使企业经营面临很大的风险。其次，制度建设不规范。由于受到中小企业自身情况及发展环境的影响，忽视管理制度的建设，在制度的制定、修改和补充完善方面不及时，造成制度建设明显滞后于时代要求和企业发展。缺乏制度建设让中小企业管理没有了竞争性和权威性，很难走向规范化，难以得到金融机构的调查认可。再次，制度执行力弱。我国部分中小企业的管理制度不系统，比较零散，有的做到了形式上的完善，但在执行中人为因素影响较大，原则性弱，对分级权责范围不明确，使整个企业仍以中小企业主个人为中心，制度形同虚设。

（二）财务管理与信息管理不规范

强调财务管理及信息管理是从外部金融机构的角度来看，中小企业没有对财务管理进行充分的重视，并给予规范科学的管理。中小企业在利润分配方面容易导致个人所得与企业所得界限不明，为避税调整科目或做假账的违法违规现象时有发生，为节省费用根本不做年度财务审计等等，使金融机构对中小企业的财务报表及信息可信度下降，以至于贷款的审批受到巨大影响。从信息披露机制方面，中小企业自我保护意识强，担心和顾虑较多，往往对信息披露抱谨慎态度，有些中小企业为了获得银行等金融机构的资金也是有意无意地部分告知自身的情况，这样会加重信息不对称程度，使金融机构产生"逆向选择"，更为严格和谨慎地发放贷款。

（三）信用缺失现象严重

银行等金融机构都认为中小企业的信用存在一定的问题，形成了社会刻板印象，这对中小企业的融资极为不利。

首先，中小企业成立之初几乎没有门槛，各企业经济实力参差不齐，加之信息不对称严重，信用意识差。如果企业经营没有达到预期收益，偿债会导致破产或影响经营持续性，选择不偿还资金的动机就较强。其次，社会风气急功近利，企业诚信经营收益低。对利润的最大化追求会使有些企业严重地偷税漏税，对产供销各个环节压榨成本，投机取巧，不守诚信。虽然银行已经借助征信系统进行中小企业信用的调查与分析，但是诚信经营的区分度相对较低。一些不良企业的行为使中小企业整体的社会刻板印象就是信用度差，严重影响了中小企业群体的商业信誉。最后，中小企业信用违约成本低。在我国当前市场经济环境中，只有《消费者权益保护法》这一项法律对企业的信用违法行为进行约束，法律自身的不完善以及执法力度的欠缺，使企业信用缺失的行为无法得到惩治。这种违约低成本的状况不利于企业诚信度的提高以及与银行等金融机构的合作。另外，涉及财务信用时可能会造假，销售合同不履约等都是企业不诚信的行为。数据显示，在商业银行不良贷款中虽然大企业总量上占比大，但中小企业的违约率较高。

金融机构与中小企业之间是建立在信用基础上的一种借贷关系，中小企业财务管理不规范，不做年度审计的大有所在，因此企业缺少一定的信用记录，金融机构很难给予客观评价，无法研判企业风险。

（四）企业倒闭率较高

我国改革开放后经济发展是高速的，致使大多数中小企业快速发展的意愿比较迫切，在选择投资项目和使用资金时风险意识不足，在融到资金后急于投入而对生产和管理过程重视程度不够。研究发现，中小企业融资呈现出投资风险较大的项目以博取较高的回报的现象，为其较高成本的融资赚回收益或同时赢得补偿，项目失败或收益较低而发生道德风险的现象较多。当前我国经济转型升级要求较高，中小企业对宏观经济形势估计不足，投资惯性依然存在，部分中小企业依旧惯于高风险投资，致使风险暴发，企业破产倒闭。据估计，我国有将近30%的中小企业在成立2年内倒闭，近60%在4～5年内倒闭。这种倒闭率让向其发放贷款的银行承担着巨大的风险。同时在调查中发现，虽然在不良贷款中大企业的数量较大，但中小企业贷款偿还的高违约率也明显高于大企业，这也是银行对中小企业谨慎贷款的主要原因。

（五）专业人才资源短缺

中小企业在引进和利用专业人才方面存在不少困难。根据国际人力资源机构的统计显示，我国中小企业人才流动率远远超过50%。人力资源的匮乏和流失使中小企业的成长与发展受到严重影响，制定企业融资战略、策略方面的专业化人才更是缺少，具备金融知识和基础的人才会到更加规范和高薪的金融机构就业，企业中没有专业部门研究融资发展，仅仅依靠财务人员是远远实现不了的。

（六）企业家素质有待提高

中小企业由于大多数由创业者个人引导发展起来，个人决策占主要地位，缺乏集体决策和民主研究。早期企业发展借助于我国经济大环境等有利因素，对企业家素质要求不高。有些人仅凭一时的胆量，投机取巧获得了资源的优先使用和盈利。因其知识水平不高，素质参差不齐，随着企业发展，受各种利益诱惑盲目扩大，无序多元化，不考虑自身条件，对融资的需求极为强烈，不能科学制订投融资计划，造成资金使用效率低下或投资收益不能覆盖融资成本。部分企业经营者急于求利，不具备长远的经营目光，企业家个人及企业本身的道德风险较大。

第四章　中小企业权益性融资方式

　　针对上一章节对我国中小企业融资的困境及原因的分析，本章开始就解决中小企业融资问题采取的各种方式进行论证，先从当前常用的各种方式入手，分析其利弊得失和融资效率，为以后提出意见和建议奠定基础。

　　中小企业通过权益性融资方式筹集权益性资本，筹集的渠道分为公开的和非公开的两种。公开的方式是筹资企业通过公开的资本市场的公开交易，以发行股票或各种可转换为股票的债券或贷款等来获得资金。而非公开方式大多是在企业还不具备进入资本市场的条件时，或者进入资本市场后也有部分企业面对的资金方不是公众，而是有条件的部分资金方对于企业所持有的权益性资本进行交易以期获得资金的行为。这些有条件的资金方主要包括企业的原始股东、新加入股东、有闲余资金的自然人或其他企业。目前以非公开的形式进入企业权益性资本的资金主要有自筹资金、天使资金、风险投资资金、孵化器资金，这是较为早期的形式，后期还有企业出现重组并购的拯救资金、购并资金和介于两者之间的麦则恩投资。图4-1列举了几种权益性资本的形式。

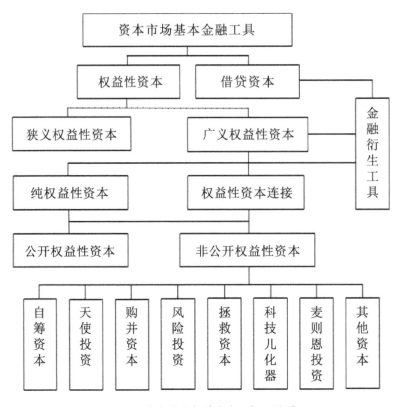

图4-1　中小企业各种资本及相互关系

第一节　风 险 投 资

在我国，中小企业权益性资本中的风险投资在非公开权益性资本中的影响最大，自进入我国以来发展迅速，占比远超过早期的天使投资，对其作深入研究具有代表性意义。

一、风险投资的概念及投资适用

美国和欧洲对风险投资的定义主要来源于各自风险投资协会，总结其特征主要有：一是只为新兴和高成长性企业服务；二是专业从事股权交易和证券购买；三是会参与企业经营，促进公司股权升值；四是投资期限较长。

从上述风险投资的特点可以总结出其投资对象的特点即"高成长性"，但在现实操作中，风险投资的对象和目标行业的"高成长性"是不断变化和调整的。由于市场发生变化、结构发生调整时，风险投资的具体投资对象是不同的，在企业、行业的选择上也存在较大差异。可以看出风险投资选择投资对象是以追求预期目标收益和收益率为准则的，追逐热点和风口或者说发现和制造风口才是他们所要做的。

风险投资机构因此更重视对目标进行收益的测定，其收益由两部分组成，一部分是风险投资从被投企业的经营中按比例所分得的利润，另一部分是出售股权时升值股本的利得。被投企业由于处于早期，投入多于回报，利润几乎为零，第一部分的收益不会太高。风险投资最关注的是资本利得，即从股权出售转让中取得较高的回报。这就决定了风险投资所追求的目标收益率是非常高的，大都在年化收益率30%以上，加之其持股时间较长，所以保证退出企业时公司股权收益要有几倍的增长才能够实现。

风险投资到单个项目中的规模一般根据所投企业的阶段和项目需求而灵活掌握，既不会过大也不会过小，基本达到最经济的监督成本和避免风险集中的平衡点。

然而风险投资进入我国以后，发展速度和规模迅速扩张，其投资范围不仅仅局限于早期的科技领域，更呈现出对中后期传统项目的"PE化"投资倾向。而且风险投资中VC（创业投资）和 PE（私募股权投资）的界限日趋模糊[1]，

---

[1]　VCtrotter:《PE 化的中国 VC》，《投资与合作》，2007 年第 12 期第 32 页。

既有大量创业投资机构从事中后期私募股权投资项目运作，也有私募股权投资企业从事中早期创业投资项目运作[1]。因此，本书所采用风险投资的概念，只是强调其对非公开上市企业进行的股权类投资。从广义上讲，不论其投资企业哪个阶段，都同时包括专门投资于中早期项目的"创业投资"和做中后期投资的"私募股权投资"。

二、风险投资的分类及退出渠道

（一）风险投资的分类

中小企业要根据风险投资的种类，判断自身是否接受风险投资，主要适合哪种风险投资，怎样把握和处理与风险投资机构的关系，这是一系列融资技术问题。

1.按投入阶段分类

根据风险投资进入企业的具体发展阶段可将其分为种子期投资、成立期投资、扩张期投资、中间投资或麦则恩投资、出资收购投资和转让投资。种子期投资和成立期投资都是在目标企业的早期进行的风险投资，投资的对象刚刚具有雏形，可能还在试验进行中。扩张期投资是在企业的扩张期投入，此时企业可能还没有利润，但已经显示出具备盈利能力和市场优势的趋势。中间投资是对那些已有一定的发展但没有成熟到能够上市、转让时期的企业进行的投资。相对于扩张期来讲，此时企业的发展前景是可以预见的，收益也是可能测算的，但此时进入的风险投资的收益稳定性不高而风险较小。出资收购和转让投资的风险投资通常只关注发展前景较明朗、盈利能力已经有所体现的企业。这种风险投资的投入期较短，但数额一般较大，它们是最接近退出时期的一类投资，有些基金只持有一两年就将目标企业转让或进入二板市场。

---

[1] 罗国锋：《中国风险投资透视》，经济管理出版社，2012年。

在实际操作中，大多数风险投资家都将他们的投资在企业不同阶段进行组合，以期扶植企业并控制风险。我国的风险投资在发展初期集中于企业扩张期的较多，近10年来向企业初创期的投资比例逐渐提高。

2.按资金来源分类

风险投资的资金按来源的主体不同可分为：企业风险投资基金，政府投资基金，投资银行投资基金，保险公司投资基金，银行和中小金融机构的、个人的、合伙人制的基金等，传统的个人或家族基金占比逐渐减小。

一般企业的风险投资基金，大多是由大型企业出资组建的，这些企业为了保持技术上的先进性同时及时掌握最新动向和市场前沿的信息，用风险投资投资于相关的项目从而代替了内部的自我研发。这种类型的投资基金目前在中国、印度、菲律宾等发展中国家构成了风险投资的主体。我国这种风险投资基金在风险投资总量中占较大比例，主要原因是我国企业产业链的真实需求，这样做企业既节约了研发成本，又附加了更多的收益。企业风险投资基金更具"耐心"，对初创企业不急功近利，投资回收期无压力，有母公司资金支持，可以进行长线的投资。以联想三大业务集团之一的联想创投为例，公司仅仅成立3年多，就已经投资上百家优秀企业，包括美团点评、旷视科技、宁德时代等，其中已有多家在国内外上市。由于有了企业风险投资的存在，联想集团不仅让一大批初创企业成为明星企业，也让自身的产业链布局更加完善。

《2019中国CVC行业发展报告》指出：2018年，中国企业风险投资（CVC）快速发展，投资规模为203亿元，占整个风险投资金额约17%。从投资频率看，2018年腾讯、阿里巴巴、京东、复星集团和海尔排在前五位，共计进行了271次投资。 CVC投资与一般VC投资在业务方面具有一致性，但同时又具有自身特点，如企业大多占有较强的技术及市场资源优势，行业多是处于前沿技术变革、竞争性强、独立性弱的行业，多是把创业企业作为重要创新来源的行业。因此，CVC投资会比传统风险投资更能影响和匹配公司的长期战略，比传统风险投资具有投资周期长、风险接受程度高、增值服务多、企业估值高等优势。

金融机构的风险投资与企业的风险投资在角色上存在着一定差别。金融机构的风险投资基金投资企业的时期通常是企业已经能够转让或已经接近上市的时候，风险小、利润低、资金量大。这两种风险投资能够起到互相协助和促进的作用。目前在我国金融机构的投资经营活动受到较多的管制，银行、保险类公司不能直接持有其他企业的股份，金融类风险投资机构相对较少的情况下，使发展风险投资、增加市场主体的种类、扩大市场容量、促进中小企业融资受到了局限。

3.按行业分类

风险投资的行业分布是随着行业和科技的发展及经济发展的热点而不断变化的。但在相对固定的时间内，风险投资还是有较强的行业特点的。单个投资主体也并非专注于一个行业领域，但总体上讲，风险投资的行业特点还是比较明确的。因此，按行业划分，风险投资领域可分为制造业、医药、环保业、消费品、计算机和电子产品等。

我国在风险投资刚刚起步阶段，对消费品和房地产行业的占比较大，特别是房地产行业投资基金占了风险投资的30%以上。这种投资结构与我国在20世纪90年代中期房地产行业投机旺盛有关系，风险投资呈现科技含量较低、房地产行业过高的特点。20世纪末，伴随着互联网产业的热潮，我国的风险投资行业几乎全是互联网行业，后来由于纳斯达克互联网泡沫破裂和国内资本市场的进展缓慢，传统产业也逐步受到风险投资的关注，如餐饮行业、教育培训、环保技术等都成为投资热点。随着我国经济持续稳定的高增长和资本市场的逐步完善，风险投资资本在我国呈现高回报率的特征，自2011年以来，在我国风险投资领域投资频次最多的是与计算机软件相关的产业，有些风险投资还积极参与和推动了产业创新的进程，对生物工程、医药研发、人工智能、大健康领域的投资活跃度也在不断增强。这种风险投资体系特征显示出其促进产业结构调整、提高经济发展质量的积极作用。

（二）风险投资的退出机构机制

风险投资的退出关系着所有投资的收益真正的回收及整个投资过程真正的成功。退出的方式主要有以下几种：

1.上市退出

被投企业上市是风险投资退出企业的主要方式。在拥有发达资本市场的美国，约30%的风投资本采取这种方式退出。风险投资会在公司进入成长期后逐步退出，让出更多股份给更多的投资人和更大规模的投资额，以满足企业不断发展的需要，同时自身也在资本市场上退出以获得丰厚的回报。

2.转让

有些风险投资机构根据自身的投资偏好或其他原因，需要缩短投资周期获利退出便采取转让股份的方式。鉴于企业走向上市过程长，上市后仍有封闭期，许多风险投资机构把所持股份转让给其他风险投资机构或新加入的投资人或企业。这种方式为股份回购。还有的由其他公司或另外风险投资机构进行了收购与兼并。这种方式在美国的风险投资资本退出方式中占比也达30%，但从总量上看，转让退出的风险投资所占的比例比上市退出的比例要高。

（1）回购股份。风险投资机构所持的公司股份由原公司或创始人用现金或票据或员工持股基金等形式购买回来，风险投资机构退出的过程就是股份回购。其中员工持股基金是一种新型的方式，有利于公司的税务筹划并可能从银行筹款。这种回购可在最初风险投资与企业的合作协议中约定以"期权"的形式来实现。股份回购涉及的重要指标是估价标准，一般采用的是P/E值、账面价值、现金流量的倍数等进行估值和交易。

（2）企业出售。出售方式是经过评估谈判等过程，风险投资的企业最终由其他企业购买，原有投资者及股份退出。根据法律规定，在与收购者谈判、达成合适价格、符合会计准则的基础上完成股份的退出和转让，风险投资也一并在股权升值时的溢价中获利退出。

（3）收购兼并。购并市场的发展要求有发达的资本市场，美国历史上曾有过5次大的企业兼并浪潮，随着规模越来越大，范围越来越广，兼并的形式也越来越多，由于美国具备较完善的法律制度和丰富的资本市场，收购兼并的发展为风险投资机构顺利退出提供了充足的条件。我国在这方面的市场化程度还需进一步完善和发展。

3.公司清理

公司清理是在风险投资不成功时不得不选择的一种退出方式。据统计，风险投资机构所投企业中有至少20%～30%占比的企业会完全失败，大约占比60%的企业不会达到预期目标，只有5%～10%的成功率，这让大多数风险投资机构在对所投企业评判后认为其已经不再具有发展潜力或发展速度太慢时，就会撤出，以期收回基础投资再投其他企业。公司的清算可以是全体解散也可以是风险投资自己的退出，这可能会使本金损失一部分，但综合机会成本来说，风险投资会放弃不再有成长价值的企业而去寻找新的企业，这是他们应该遵循的投资原则。

三、风险投资与中小企业权益性融资

风险投资具有高风险、高收益的特点，这决定了高成长性中小企业是其偏好，容易与中小企业形成互惠互利、彼此照应的关系。正是因为风险投资对高成长性的中小型企业进行投资，才能在企业的快速增长过程中获得收益，同时资本的利得必须要与权益投资相一致，所以风险投资无论采取何种方式，无论是否控股或夹杂部分债权都要有权益投资的内容。风险投资与中小企业权益性融资有较强的亲和力，其原因分析如下：

第一，风险投资能缓解信息不对称的问题。这个阶段的企业的发展具有不确定性，风险高，如果风险投资仅以债权形式进入企业，在发生重大风险比如企业破产时，企业没有任何还款来源和抵押物，风险投资的损失是巨大的。如果企业成功偿还了债权则只能收取约定的固定收益，风险投资承担的高风险不会满足于这些，这时股权价值大幅上升带来的收益才是风险投资获得高额回报的源泉。

第二，风险投资为企业提供持续的资金来源。被投的中小企业快速成长需要在每一个阶段都给予资金的支持，而且越到后期发展需求的资金会越多。风险投资机制可能会为企业提供一种稳定的资金来源。因为如果企业预期成长快速，风险投资机构从逐利的角度大多会追加资金用以支持企业发展，即使这家风险投资机构自身不再能提供资金，为了企业发展和保证之前的投资不受损失，他们也会想方设法为满足企业成长需要寻找新的资金来源。

第三，风险投资有助于建立良好投资关系。一方面，风险投资与被投企业因信息不对称的存在而处于相对对立的状态，在以权益性投资进入企业后，风险投资就会拥有具有影响力的话语权和表决权，对创业者的不诚实行为构成压力。另一方面，在双方的协议中，大多具备逐步释放投资者控制权的条款，创业者可以逐步收回控制权，基于此，创业者也比较放心地在前期释放权益、后期收回权益，其过程就是创业者努力工作使企业越来越好的过程。

第四，风险投资为企业提供综合服务。综合服务包括对中小企业管理者水平的培训、生产技术的提升、寻找上下游客户、扩展营销渠道等等，会对企业产生积极的影响，使企业向制度化、规范化发展。同时由于风险投资机构的介入也会对企业家的个人行为起到约束和激励的作用，风险投资采取分期投入的方式也会督促企业快速规范发展。

第二节 天 使 投 资

天使投资主要是指一些个人或机构对发展早期的企业，判断其具有一定潜力从而直接给予资金支持的投资行为，因其是一种早期的权益性资本投资，也可以视其为非正式的风险投资。天使投资具有投额小、风险大、决策快的特征，其对被投企业的成长初期的支持作用是十分重要的。现在各国天使资本的投资主体已经由最初的自然人，发展到专业的天使投资机构、天使投资基金和第三方天使投资平台等等。天使投资按其特征对中小企业来说应该是非公开筹集权益性资本中的重要角色，但是其发展的制约因素很多，主要来自团队专业化程度、被投企业的需求特点，以及社会经济投资环境等方面。由于近几年我国经济环境变化较大，金融监管政策日趋严厉，天使投资市场往往有被纳入"非法集资"的嫌疑，募资难的现象进一步加剧，天使投资更加谨慎。天使投资专业化程度提高的同时，尽职调查的成本也加大，投资呈现阶段后移的特点，向更加成熟或资本市场更有热度的企业侧重。从我国中小天使轮融资的趋势看出，我国天使投资规模呈现的是自进入我国的2012年以来到2015年发展的高峰，随后逐年下降的态势（如表 4-1）。

表4-1　2012—2017年我国天使投资规模情况统计

年份	融资总额/亿元	案例数量/个	平均融资额/万元
2012	23.01	517	445.06
2013	120.05	804	1493.16
2014	178.85	2556	699.72
2015	592.54	5218	1135.57
2016	511.07	3519	1452.32
2017	186.76	1950	957.74

注：数据根据"私募通"整理。

天使投资对企业发展具有积极的作用，表现在作为一种权益性融资方式对中小企业来讲优势明显。

一、时间成本低

天使投资源于个人或机构采取非正式方式进行的投资行为，个人调研程序少，简单化，多数是基于对创始人的信任和认可。调研投资机构对企业的估值大多信赖于对企业的基本条件和商业模式及未来市场预期作出的，决策程序少，速度快。这对急需资金支持的早期企业来说，非常及时。

二、私密性强

因为大多天使投资金额少，投资行为私密性高，大多不受监管，也没有披露信息的要求，只要投资人与企业直接达成协议即可履行，这对注重企业信息为商业机密的中小企业来说认可程度较高。

三、企业还款压力小

大部分天使投资都是以股权的方式投入的，对企业早期没有要求按时归还借款的压力，有利于企业全力投入生产经营过程中，更快地成长起来。在看到企业成长股权增值后，投资人一般也不急于退出，而是继续给予企业以资金、管理或人脉的支持，以期长久的收益回报。

四、有利于企业获得后续融资

天使投资的进入表明中小企业至少在某一方面得到了资本的认可，为后续投资企业的资本提供了有意义的参考价值。理论研究和实践中的表现说明天使投资与被投企业更多地呈现出关系治理而不是契约治理，天使投资往往与被投企业保持有良好的关系，对企业有较少的限制，会让企业按最初的愿景自由宽松地发展，企业压力较小。有证据表明获得天使投资的企业在未来三年内生存发展的可能性比未获得天使投资的企业要高出20%左右。

在天使投资出现较早的欧美国家，天使投资者的介入对促进所支持的中小企业的生存发展的作用是重大而积极的。虽然一些只有"创新创意"的中小企业起步时并不需要大量资金，天使投资的金额一般也不大，但其作用巨大。一些知名国际大公司最初也是得到天使投资而逐步发展起来的。当然天使投资者们也会因投资早、股价低，如果公司成功，资本利得也是极其丰厚的。

从之前的统计看出我国天使投资活动自2016年不再活跃，明显的影响因素有：一是政府的法律法规不健全，使天使投资缺乏保护反而处在违法的边缘，天使投资自然受到抑制；二是经济发展下行压力加大，总体流动性紧张导致民间投资断崖式下跌，也使天使投资大幅减少；三是市场中对早期成立的中小企业的壁垒较多，许多适合于中小企业投资的行业存在较高的进入门槛，天使投资对盈利行业的判断与中小企业可进入的行业不匹配，天使投资可投企业范围减少。

在我国，天使投资作为一种企业早期的权益性融资，在民营经济发达的地区如上海、浙江、福建等地发展有一定基础，许多中小企业主早期相互支持，成了其他企业的天使投资者，源于其经商信用、文化积淀和民间财力丰厚。

第三节　麦则恩投资

麦则恩投资也叫夹层投资，是介于股权和债权之间的一种投资方式，也是对中小企业在企业公开上市之前阶段的投资。麦则恩投资具有债权与股权投资混合的特征，即当企业不能及时足额还款时，投资者有权将债权转换为股权。麦则恩投资也是传统风险投资在实践中的演进和调整。由于此种投资几乎无须尽职调查和抵押，所以资金到位速度比较快，能够及时解决企业的需要。投资者要求的回报率要高于银行贷款，但不同于风险投资的是对股权的硬性要求。在约定的期限内，企业按要求给予投资者期望的回报后，股权可视为抵押条件，企业可按约定收回。如果债权收益达不到预期，则投资按约定正式转为股份进入企业。一般情况下年化20%～30%的回报率是其目标。麦则恩投资在现阶段我国某些行业中称为"夹层投资"，因其灵活性和及时性，越发受到投资者的重视和喜爱。

一、麦则恩投资的适用条件

从投资者角度看，投资对象应具备的条件是：企业管理层能力较强可信任；企业拥有强大而又持续稳定的现金流；资本需求较低；市场占有率高，地位优势明显。从筹资者角度看，麦则恩投资通常用于：企业在银行等传统金融渠道得不到贷款，而距离正式资本市场还有很长时间，企业不是风口或高成长性的，风险投资没把企业看作可投的公司，不可能获取传统的风险投资。而该企业的生产经营稳定，现金流和收益稳健增长，虽属于传统行业但可能在未来几年内迅速增值。企业此时选用麦则恩方式进行融资，类似于以股权质押作为借款的条件来实现快速发展，从而实现和证明企业的市场价值。在企业升值后以较高的价格出售股票来偿还借款会比现在低价出售股票更为有效。

二、麦则恩投资对中小企业融资的优势分析

（一）高度灵活性

麦则恩投资方对企业的投资可根据实际情况和双方约定进行灵活的掌握，

以很好地平衡利益。双方可约定在合同条款中安排，如还款时间及比例、利息、资本稀释比例、估值的标准等等。

（二）综合成本较低

麦则恩投资与传统的风险投资相比，资本的稀释程度较小，往往不及风险投资的一半。企业上市融资的交易费用往往会达到总筹资额的10%左右，而麦则恩投资要少得多。同时，麦则恩投资作为一种债务融资，在企业财务税务方面有抵扣的作用。

（三）融资期限可控

典型的麦则恩投资就是对融资企业一种附有对权益的认购权或转向普通股权益的债务，无须抵押担保，利息虽高于银行但可约定分期还款，可根据公司资金情况灵活掌握。企业按照合同约定，到期时支付全部本息即可，而且不会影响企业股权结构。同时，大多麦则恩投资的利息率与认购权益呈负相关关系，利息高权益低，利息低权益高，这对激励企业快速良好发展有重要作用。

第四节　非公开权益资本市场对中小企业融资的作用

在我国创业投资是风险投资的另一种称谓，本书认为这种角度是从中小企业即融资方的角度来讲的。另外天使投资、风险投资和私募股权虽然都可以纳入风险投资的范围，但在投资时间、专注点和项目估值上还是有所区别的。比如在投资时间上天使投资主要投资早期创业公司，风险投资主要投资企业发展的前期，而我国私募股权投资主要投资后期；在投资专注点上天使投资关注的重点是企业创始人，风险投资专注于综合考量项目创始团队和业务数据，而私募股权投资面向成熟的企业和成熟的市场，对投资人的行业资源要求较高；在对项目的估值上，风险投资和私募股权投资早期项目估值低，随着公司估值不断上升，投资成功的概率会比天使投资高。在我国，上述投资都是企业非公开权益融资的组成部分，其市场的形成发展对企业的融资效率有重大影响。以下分别分析创业投资、私募股权市场和区域性股权市场的融资效率问题。

一、风险投资市场对中小企业融资的效率

根据中国证券投资基金业协会公布的数据，截至2019年底，协会备案的创业投资基金7978只，基金规模11493亿元，基金管理人规模呈现出向少数头部机构聚集的特点，注册的地区主要以北京、上海、深圳地区为主；投资者结构以公司类境内法人机构、私募基金产品及自然人（非员工跟投）三类投资者为最主要来源，合计占总资金的73%，政府类引导出资合计占比5.78%，社会公益基金及社保基金合计占比0.33%；投资行业以投资案例的数量统计主要分布在计算机及其运用、资本品（航天航空、环保设备等）、互联网相关、医疗相关等行业，投资地区则以江苏、浙江的项目居多[1]。

风险投资的退出代表着整个投资过程的完结、对中小企业扶持过程的结束和自身收益的提取。按中国证券投资基金业协会的统计口径，截至2017年底，创业投资基金完成退出项目3057个，投资本金退出合计352.25亿元，实际退出金额合计885.76亿元。退出方式以协议转让、企业回购、境内上市为主，其中，境内上市退出的金额最高，占总退出金额的33.57%；协议转让退出金额次之，占比29.07%；企业回购退出金额占比11.7%[2]。

我国的风险投资"逐名"动机强烈，投资企业风险小，成长中后期的特点突出，VC（创业投资）和PE（私募股权投资）的界限不是十分清楚，种种现实表现使其服务中小企业融资方面效率不高。

---

[1] 中国证券投资基金业务协会：《中国私募股权及并购投资基金行业发展报告（2017）》。
[2] 中国证券投资基金业务协会：《中国私募股权及并购投资基金行业发展报告（2017）》。

（一）风险投资规模总体偏小

大多创业投资基金的实缴资金规模对单体项目投资规模一般都在1000万～3000万元的范围内。由于规模小，基金的实力较弱，对中小企业的扶持能力弱，后续作用发挥不足。这与中小企业的需求有一定差距，因此我国的创业投资形成了头部机构聚焦的趋势，中小机构数量在减少。这也说明了机构的名誉效应显现，中小机构投资机会会减少，投资企业的覆盖面减少。

（二）风险投资投向区域分布不均

无论是从注册地区还是投资项目数量及退出活跃度来看，风险投资都集中在经济及金融发达的北京、上海、广州和江苏、浙江等地区。这些地区的经济条件和资本市场的活跃与风险投资具有极强的相关性。对我国中西部等地区的中小企业来讲，不容易得到风险投资的青睐。

（三）风险投资对种子期企业的支持有待加强

在定位上，风险投资应主要投向处于种子和初创阶段的企业，但实践中风险投资"投早投小"的特点不明显，在企业盈亏平衡点之前的投资较少，大多在企业出现盈利后才介入，提升空间很大。从投资案例看，截至2016年末，风险投资基金投资案例中处于种子期的企业数量和投资金额分别为2532个和169亿元，占比分别为17%和7.6%；处于起步期的企业数量和投资金额分别为6409个和682亿元，占比分别为44%和30%，两者合计企业数量刚过半，投资金额未过半。

（四）退出方式少，投后抑制效果明显

国外的经验表明，风险投资的发展与完善的资本市场相联系。目前我国企业走向上市（无论是哪个板块）的过程较长，困难较多，数量较少，风险投资

退出通道狭窄和有限，因此上市扩容势在必行，这些为风险投资的发展提供了必要的条件。

杨希（2017）通过风险投资总体效应进行的检验分析，搜集了中小企业板和创业板2004—2015年上市的1268个企业样本，实证检验创业投资支持背景与中小企业经营绩效的总体关联性。实证分析证明了风险投资对中小企业经营绩效具有显著正向的事前筛选效应。但是对中小企业经营绩效的事后效应检验结果表明：只是在介入阶段，风险投资企业对被投中小企业的资金供给显著提高了被投企业的偿债能力和研发投入；但在企业盈利与成长能力方面的事前绩效优势被进一步缩小，即意味着风险投资的事后介入对被投企业并没有发挥显著的事后"培育"功能，甚至对被投企业的盈利与成长能力经营绩效具有显著的抑制性效应。此结果与刘冰，罗超亮，符正平、阮拥英（2016），周孝华（2015）等学者的研究结论具有一致性，即印证了基于我国风险投资前期快速扩张阶段及其所依赖的特定制度环境，风险投资事后"培育"动机不足、"逐名"动机凸显，以及"短视化"投资行为特征，致使风险投资对被投企业经营绩效表现出综合负向的事后效应[1]。

研究其原因分析如下：

（1）风险投资引进并快速发展的时期正值我国新兴市场经济转轨发展时期，而外部制度环境、内在市场机制都不健全，风险投资活动面临着复杂的竞争局面，存在着各个层面的系统风险。后来监管政策趋严，风险投资退出渠道仍以国内上市为主，风险投资选择的是一些进入成熟期的传统产业项目，这些项目已经进入了规模不经济阶段。风投的进入会进一步加剧被投企业的规模不经济问题，进而对其经营绩效产生负向事后效应。

（2）我国风险投资业起步晚、扩张快，大多风险投资机构急于抢占市场，扩大声誉，争取尽快盈利退出，而忽视人才队伍和投后监管能力建设，呈现出

---

[1]　杨希：《风险投资对中小企业经营绩效的事前效应与事后效应实证研究》，哈尔滨工业大学，2017年。

过度注重短期绩效的特点。这样的结果不仅降低了投后对企业进行辅导等增值服务的动机，也会使双方出现明显的分歧和利益冲突，从而影响被投企业的经营绩效。

（3）私募股权投资基金退出加速，投资周期过短。通过中基协的数据可以看出，自2014年以来作为风险投资的主要组成部分，私募股权基金的退出是加速的，至2017年退出数量是2014年的8倍，退出金额是2014年的5倍，平均投资年限为3.13年，项目的投资期限大多在2～7年，超过7年的项目很少。私募股权基金应该从长远考虑，提高对所投企业的风险容忍度，充分发挥提供资金的外挂辅助作用，在更长的时间窗口内协助被投企业发展。

（4）风险投资退出受非市场因素的干扰。在企业首次公开募投（IPO）的路上，风险投资主体往往要通过寻求政治保护以获取更优的待遇和资源，或为寻找捷径而付出更多代价，这些成本增加最终要加到被投企业上对其盈利能力和经营绩效增加负担。

既然风险投资对中小创业企业具有负的事后效应，为何大多企业仍然热衷于引入风险投资？本书认为主要原因有二：一是中小企业的外部融资渠道十分匮乏，风险投资尽管融资成本较高，还附加股权稀释、业绩对赌等其他要求，但对融资"饥渴"的中小企业仍不失为一种有效可行的渠道。二是中小企业要发展壮大走进资本市场进行IPO，不仅需要风险投资的资金及价值认可，更需要风险投资在资本市场及行政体制中的关系资源、行业经验的助力，为成功IPO和以后的融资提供条件。由此权衡利弊，中小企业宁愿承担对经营绩效有一定负面影响的成本，也要引进风投机构为企业长远可持续发展打基础。

二、区域性股权市场对中小企业融资的效率

区域性股权市场一般以省级行政区域为界定范围，为本区域内的企业提供股权、债券的转让和融资服务，是一种私募市场，也是我国多层次资本市场的

基础部分。我国自2008年以来各地方政府纷纷成立区域性股权市场，重点扶持中小企业融资，发展速度还是很快的，以省级行政管理部门为主导分别为区域股权市场的资金、人员和政策出台支持方案，各地的证券公司也积极扶持企业与参与市场建设，一些中小企业在各方的推动下挂牌的意愿较高。目前我国境内绝大部分省份和直辖市都设立了区域性股权市场，挂牌企业大约1.8万家，另外展示企业[1]有6.1万多家，为企业提供各种融资累计超过7000亿元。区域性股权市场作为本区域内中小企业的股权交易市场，具备一定的融资功能，但目前效率不高，主要体现在以下方面：

（一）服务范围和规模有限

区域性股权市场是私募市场，开放程度和运作效率尚待提高，目前其融资功能作用发挥不够。区域性股权市场是我国目前多层次资本市场的最底层，最接近中小企业，但目前从挂牌企业数量看仍十分有限，全国总计不足2万家，加上展示企业仍不足10万家，而我国目前中小企业数量超过2000万家，相比之下，区域性股权市场在进入企业数量方面还有很大空间。从融资金额看，我国区域性股权市场历经十多年的发展，利用各类融资方式共计为企业融资近7000亿元，说明其市场融资作用发挥得有限，远远不能满足挂牌企业的需求。其重要原因是这个市场是私募性质的，受众面较小，对挂牌企业宣传推广的力度也不大，也不会对其融资发挥更有效的作用。

（二）挂牌成本相对较高

挂牌于区域股权市场仍然需要交纳中介费和每年的管理费用，这些成本相对于中小企业的盈利能力较弱的特点还是较高。一些区域股权交易市场运营能力差，交易活跃度不高，市场本身勉强靠财政补贴维持，收取适当费用

---

[1]　展示企业：这些企业只披露部分信息，只与感兴趣的投资人进行一对一的谈判，融资效果不佳。

是可以的，但有些地区不规范经营，名目繁多、期限不定地向企业或中介机构收取费用，这些其实都会转化为中小企业的融资成本。与此同时，区域股权市场又不能为企业带来更多的融资资金，企业为初始挂牌需要向各中介机构和交易场交纳的费用各地标准不一，每年仍需交纳维持费用，这对中小企业来说负担较高。

（三）各地竞争无序现象增多

目前，各区域性股权市场的环境不一，专业化差异导致发展程度不一，有些地区的市场开始争夺资源，为寻找挂牌企业全面开展跨省业务，出现了区域性股权市场的无序竞争的现象。尤其是一些起始条件较好、发展较早的区域市场，如天交所、上海股交中心、前海股交中心等都在积极地拓展跨区域业务，分别在邻近的河北、山东设立代理服务机构，与齐鲁股交中心、河北省股权交易中心等展开直接竞争。竞争作为激励市场发展的机制是有效的，但对区域性股权市场来说一是在全国范围内没有形成统一的监管标准，各地运营模式也有较大差异，二是就其本身的定位来说也是服务某些区域内的资本市场，开展全国的业务就无所谓区域了。所以无序竞争的结果对完善市场功能并无太大利处，只会扭曲区域市场功能，放松门槛和监管。

（四）市场监管专业性不强

关于对区域性股权市场的监管问题，在《国务院办公厅关于规范发展区域性股权市场的通知》（国办发〔2017〕11号）中明确提出由市场所在地省级人民政府组织实施，中国证监会只对监管工作实施指导、协调和监督。由于地方行政单位专业性不高的原因，对区域性股权市场的审批和建设比较重视，对市场的日常运营和对挂牌公司、中介服务机构等参与主体的行为缺乏有效的监管，造成一些违法违规现象。区域性股权市场本身鉴于缺乏专业人才，经验不足，技术保障欠缺，要求其自律监管作用不大。一些跨区域经营的股权区域市场只是与当地的省市签署合作监管协议，其真正的监管作用也不到位。

（五）潜在风险较多

目前各区域性股权市场虽然是最基层的市场，但其功能是健全的，拥有登记、交易、托管、清算等全部功能，每一个环节监督制衡不到位就会产生系统性风险。随着跨区域经营现象的普遍，市场各参与主体越来越多，使风险跨区域的扩散也成为可能。有些市场在运营时为增加流动性，违规实行集合竞价、做市商等制度，发生市场炒作的风险进一步加大。另外，各个区域性股权市场对投资者资格没有统一标准，偏低的标准使大量风险承受力较低的自然人入市，一旦风险发生会导致极为不良的后果。

三、非公开权益市场应调整的方向

（一）政府不应作为产权主体

在市场经济条件下，政府界定与掌握好与市场的边界是极其重要的。非公开权益市场中有些地方政府出资直接投资或用基金方式出资成为企业的产权主体，跨越了市场的边界。有些经济活动政府是可以成为产权主体的，比如在产品和服务是公共产品的情况下，该产品和服务具有明显的正外部性。在非公开权益资本市场进行的投资大多是投资于中小企业，使其产品和服务产生高收益，使投资者获得高回报。这种投资活动本身不是公共产品，完全应由私人部门作为投资的产权主体。政府没有必要以牺牲财政资金的方式出资成为投资主体，产生各种行业或特点的基金，其效应也不会太大。

有一种观点认为鉴于界定和保护高科技企业的知识产权的成本太高，政府应对这类企业进行直接投资成为其产权主体，而且我国在计算机软件方面一直以政府直接投资为主。但是，从世界上其他国家的经验可以看到，这样做虽然节省了保护知识产权的成本，在短时间内获得了一些利益，但对本国自主知识产权的技术进步产生了一定的损害；其实，国家利用现有的法律法规保护知识产权的边际成本并不高，而且这也是一个国家长期稳定发展的必经之路。所以种种理由表明政府没有必要参与非公开权益市场作为产权主体，加之这样带来的道德风险、监督成本、腐败成本以及压制技术进步等负面作用很大，让私人资本投资企业培养非公开权益市场，增强市场化的知识产权保护意识，向更成熟的市场经济迈进才是应该做的。

（二）鼓励社会资金进入

在我国的非公开权益资本市场上政府的直接投资往往以引导基金的形式出现，其实私人资本对参与此种活动的积极性并不低。政府更应该利用政策的效用来鼓励社会资本的进入，而不一定再从紧张的财政资金中拿出引导资金，其作用发挥不如出台政策有效。河北省政策的扶持引导基金的状况就是例子，大多数财政出资的引导基金并没有发挥引导的作用，闲置浪费现象严重。由于中小企业非公开权益资本市场是私募市场，有一定的私密性，所以对各个有资格的参与主体，不应该动不动就以"乱集资"的帽子扣上，另外对一些金融机构应该减少限制，鼓励其利用长期资金来参与权益性资本的投资活动。适度宽松的市场环境，会让市场自身的调节机制发挥得更充分，各方利益更容易实现均衡。

（三）致力于创造市场环境

良好的法制环境是任何市场都需要的保障。在中小企业非公开权益市场上更是由于在投资人与企业之间、投资人之间、投资人与中介机构之间等存在着较多的法律契约关系，需要完善法律法规提供细致周到的服务，这是政府应该做的事情。同时政府在法律执行方面的规模优势和知识产权保护的较低成本，为减少道德风险，加强知识产权保护，形成对融资的高新技术中小企业和所有投资者最有效的保障，其结果也会得到正的外部收益。

在我国，国有企业和金融机构也会对非公开权益市场的良好发展起到促进作用。以发达国家为例，金融机构参与非公开权益市场的投资是常规的重要的投资方，主要是金融机构内部建立的有效的治理结构和管控机制，能够制约运行中的各种风险。早期我国的国有企业和金融机构代理问题较大，限制或监管其参与非公开权益市场的投资也确有必要。但随着国有企业和金融机构内控机制的完善和治理结构的日益科学，支持这些主体积极参与非公开权益市场的交易活动，将有助于非公开权益市场对中小企业融资的作用的发挥。

第五节　公开权益资本市场对中小企业融资效果的分析

我国境内公开权益资本市场包括主板（包括中小板）、创业板、新三板和科创板。从以上公开权益市场各自的特点出发，根据一般数据统计方法，分析其在中小企业融资方面的效率和利弊，为更好地发挥其作用提供基础。

一、主板和中小板市场对中小企业融资效果的分析

我国股票市场的主板和中小板具有很大的重合性和一致性，在适用法律法规、申请上市的条件、信息披露等方面的要求基本一致，只是中小板进行独立管理，独立监察，独立编码和独立指数。根据现行规定，对企业申请在主板和中小板上市的要求条件主要是财务指标方面，见表4-2：

表4-2　我国主板和中小板上市财务要求

序号	财务指标	具体要求
1	企业净利润	最近3个会计年度均为正数且累计超过3000万元
2	营业收入	最近3个会计年度产出的现金流量净额累计超过5000万元或最近3个会计年度营业收入累计超过3亿元
3	无形资产	最近一期末无形资产占净资产的比例不高于20%
4	股本规模	发行后股本总额不少于5000万元

分析现在的主板和中小板市场，在促进中小企业融资方面存在以下问题：

（一）能力闲置严重

主板市场在"金字塔"形的资本市场的顶端，发挥为各层次资本市场的发展提供基准的重要作用，是整个资本市场对企业股票估值的重要标杆，集中了大型公募基金、养老基金、保险资金等长期资金的投资，对保持整个资本市场的稳定起着关键的作用。为建设多层次资本市场，近年来对主板市场的发展却相对弱化了，不仅IPO暂停了一段时间，而且主板市场的扩容也是缓慢的。2003—2012年，上海证券交易所主板市场新增上市企业仅仅276家。这个数量距离市场需求太远，也远远落后于成熟市场国家的主板市场的同期增量。纽交所同期新增上市企业为1218家，纳斯达克新增上市企业1571家，伦交所新增上市企业2932家。主板市场的扩容较慢也使其他板块的升级发展缓慢，因其需要为其他板块提供有效的基础保障和最终认可的市场。

（二）中小板上市企业规模过大

中小板成立的目的就是专门服务股本较小、具有成长性和科技含量的中小企业。但在实际中很明显地发现，中小板上所谓"中小"的特点并不显著，一些企业因为某种需要，想要实现快速上市，从而缩减首次公开发行的规模，抢先登陆中小板，这样在中小板市场上就形成了大型企业偏多、小型企业偏少，公众持股比例低，企业投机行为偏多的现象。据观察，按我国工业和信息化部关于中小企业划分的行业标准，在2006—2012年之间中小板新增上市企业中超过 96%的企业在上市之初即为大中型企业，其中大型企业占比55%，中型企业占比 41.56%，比亚迪的上市就是一个例子。一些大股东利用中小板上市后抢占市场的优势，高估价值，在泡沫形成时及时套现，投机操作损害了其他投资者的利益。同时大型企业的上市也严重挤压了中小企业的通道，没能使中小板发挥给中小企业融资的作用。

二、创业板市场对中小企业融资效果的分析

创业板市场是为促进产业结构调整，加强对新兴产业如生物制药、新能源、新材料等行业自主创新的高成长性的中小企业的扶持。创业板发行上市条件与主板要求的条件相比要低，因此企业申请上市成功的机会更大。如：企业在创业板上市的财务标准可放宽为两种，在总股本不少于3000万元的要求下，要么最近两年连续盈利，净利润累计不少于1000万元或者是最近一年盈利，且净利润不少于500万元。但创业板自成立十余年来，其作用发挥也有一定的局限性，对于大多数中小企业来说登陆创业板也是非常不容易的事，在解决中小企业融资问题方面作用并不明显。

（一）创新创业性特征不明显

创业板的服务宗旨是满足创新创业型企业的融资需求，既然企业是处在创业阶段，其规模不会大，盈利能力不会强，资本市场认可的是企业未来发展的潜力。相比于我国来说，国外或其他一些地区的创业板市场对企业的各项指标掌握得更为灵活，只要企业的规模、营收或净利润等搭配在一定合理范围内即可，市场建立了多种上市标准，使得一些即使不盈利的企业或规模很小但潜力很大的企业都能上市。而我国的创业板市场与主板的标准设置一样僵化单一，

只有数额的大小,没有灵活的机制,使得真正"创业"的中小企业无法进入,而进入的依旧是企业发展到大型或成熟的企业。

从表4-3中可以看出,创业板上市的企业在各项指标的数量上已经显著低于主板和中小板的企业,但是从现实企业经营状况分析,绝对数额仍然不小,达到此标准的企业也基本是大中型的企业了。

表4-3 深交所不同板块上市公司发展概况(2017年度)

类别	平均总资产/亿元	平均营业收入/亿元	平均净利润/亿元
主板	336.5	113.9	7.7
中小板	83.4	43.1	3.1
创业板	33.1	15.4	1.2

注:相关数据根据东方财富Choice金融数据库计算整理。

(二)高成长性没有体现

从营业收入和净利润两项财务指标可以观察企业的成长性,从上市创业板的企业所表现出来的数据,没有看出上市后企业的高成长性。根据东方财富Choice金融数据库有关数据统计(见表4-4),2017年深交所创业板的营收增长率为27.9%,仅仅略高于中小板,并没有表现出显著的高成长性;在企业净利润方面,创业板则因个别股(如乐视等)影响下降了15.3%,创业板的平均毛利率高一些,但平均净资产收益率也明显低于主板和中小板。

表4-4 深交所不同板块上市公司总体业绩情况(2017年度)

板块	平均营业收入增长率/%	平均净利润增长率/%	平均净资产收益率/%	平均毛利率(金融业除外)/%
全部公司	23.5	20.6	9.8	22.6
主板	20.4	35.7	10.5	21.3
中小板	26.8	18.9	9.9	22.495
创业板	27.9	-15.3	7.4	29.5

注:相关数据根据东方财富Choice金融数据库计算整理。

（三）与设立初衷相距甚远

当初成立创业板市场的宗旨就是为了降低创新创业型企业发行上市的门槛，使更多的中小企业能够通过公开的资本市场融到资金，同时带动社会资本投入中小企业，鼓励创新创业推动经济转型发展。但从运行的速度与规模及效果来看并不十分理想，与预期目标有一定差距。从2009—2017年9年间共计发行711家企业，年平均仅仅79家成功上市融资，而绝大多数创新创业型中小企业没有得到创业板的服务。从表4-5中也可以看出，即使在创业板上市的企业当中，中型企业的比例占69.2%，这是依据工信部提供的划分中小企业标准的文件作出的统计，小型企业的占比低于20%，也是以大中型企业为主。

表4-5　2009—2017年间创业板上市各类型企业分布

企业类型	企业数量/个	所占比例/%
大型	135	19
中型	492	69.2
小型	84	11.8
合计	711	100

注：按照上市当年的企业经营数据测算，数据来自东方财富Choice。

三、新三板市场对中小企业融资效果的分析

新三板的成立宗旨是为那些无法满足主板上市条件又有公开市场融资需求的创新型中小企业进行股权转让交易提供平台。新三板对挂牌企业不作盈利要求，只要依法设立且存续满两年、具有持续经营能力就可以申请挂牌。截至2017年末，新三板实行分层制共计挂牌企业达11630家，其中基础层10277家，创新层1353家。

在新三板挂牌的企业中小微的特征是比较明显的，据统计2012—2017年在新三板挂牌的企业中小微型企业达到68.4%（小型企业占比66.7%，微型企业占

比1.7%），27.4%的企业在挂牌之初为中型企业，4.2%的企业为大型企业（见表4-6）。

表4-6　2012—2017年间新三板挂牌企业分类

企业类型	企业数量/个	所占比例/%
大型	450	4.2
中型	2923	27.4
小型	7101	66.7
微型	184	1.7
合计	10658	100

注：按照上市当年的企业经营数据测算，数据来自东方财富Choice。

目前新三板在服务中小企业融资方面主要存在以下问题：

（一）监管和服务压力巨大

新三板的挂牌企业在企业类型和企业特征方面离散度较大，从截止到2018年4月底的数据反映出一些问题：新三板挂牌企业的股东人数就存在着巨大的差异，极端数值的存在表现为股东人数为2人的占比为6.3%，股东人数超过200人的占比3.4%；从挂牌后企业的表现来看也是大相径庭，没有进行任何融资行为和股权交易的企业占比多达33%，通过新三板融资金额过亿元的企业只有7.7%；企业挂牌后的盈利能力表现也出现较大分化，仅以2017年来说，净利润超过3000万元的企业仅占9.6%，亏损的企业占比达22%。在新三板挂牌企业个股流动性不同，企业风险程度差异过大，企业多元化的特征对监管理念和服务方式提出了更高要求，要求配套制度提高适应性和监管差异化强烈。这对监管资源的有限性提出了严峻挑战。

（二）对优质企业吸引力不足

新三板自市场分层后，没有及时跟进制度更新和实施，对创新型企业支持有限，缺乏吸引力，同时面临监管趋严、维持挂牌成本上升的问题，企业会在收益和成本之间衡量，融不到资或融资过少，活跃度过低不能满足企业成长发展需要，企业就会另有选择。有些已经完成早期研发和市场占有的企业，面临高速成长需要公开资本市场的大力支持，有强烈的融资需求，而新三板在融资效率上满足不了企业的需求，其吸引力自然下降。自2018年以来，申请挂牌企业数量明显下降；摘牌企业数量增速加快，即使是新增挂牌公司质量也逐年下降。优质企业不将新三板作为目标，而是向中小板和创业板聚集。

（三）投资者参与热情不高

从新三板2018年的情况看，新三板的流动性和交易活跃度明显降低，投资者退出不易且收益不高，所以兴趣不高，另外部分挂牌企业经营状况显现风险，有的出现了一些爆雷的情况，让投资者也望而生畏。由于市场当前的状况，使得市场内新增资金较少。市场上合格投资人及开通交易权限并参与交易的自然人8.6万户加上机构投资者1.6万户，共计10.2万户。2018年前4个月参与买卖的投资者同比减少35.2%。

（四）融资效果不佳

据2018年前4个月数据显示，非金融企业完成612次普通股发行，同比下降41%，融资240亿元，同比下降40%。由于市场流动性明显不足，投资者只有机构和部分合格投资者，造成交易活跃度差，市场融资功能欠佳。这种缺乏流动性的股票，风险较高，投资者会很谨慎，证券承销成本也高，企业总的融资成本也大。新三板市场投资人也主要是一些自然人、企业法人和风险投资机构，少量的资管产品、信托计划，大多数实力强的长期投资者如境外机构、险资、社保基金等都没有参与。单一的投资人结构和单一的投资理念使市场的丰富性较差，二级市场交易无法活跃，股票定价也难公允。

四、科创板市场对中小企业融资效果的分析

2019年7月22日，科创板在上海证券交易所正式开市，以低门槛和试点注册制为中小企业建立一个成本较低、制度更加合理、市场决定企业生存的交易环境，尤其针对符合国家发展战略，以战略性新兴产业和创新科技为主要经营方向的科技型中小企业，使其进入资本市场更加便捷。这既是完善我国多层次资本市场的有效举措，也为我国的科技创新型中小企业开辟了一条新的筹融资渠道。科创板目前已经运行3年，将来能否成为中国的"纳斯达克"市场，培养出世界一流的科技公司，还需要来自政府扶持、规范市场和合格投资者的共同努力。

（一）融资现状整体良好

科创板对中小企业融资效果可从挂牌企业数量、成交流动量、定向增发情况作出评估。

1.科创板市场挂牌情况

2019年科创板首期上市25家，虽然当初观望者较多，但3年来的数据显示，每次科创板上市公司数量和主板等不相上下。2019—2021年3年中对科创板上市公司总数和主板（除科创板、创业板）、创业板、新三板进行统计分析发现，科创板虽然作为新板块，但选择在科创板上市的公司并不比主板少，甚至比新三板要多。说明科创板确实得到了中小科技型企业的认可和响应，给那些不符合主板条件的中小企业提供了融资机会。从上市企业所处行业来看，科创板企业主要涉及信息技术、医疗保健、工业、能源等行业，其中信息技术、医疗保健和工业占比达80%，充分说明了科创板确实为我国科技型中小企业开拓了新的融资渠道，为企业后续发展提供了动力。

从科创板企业上市前公司股本的规模看，截至2021年3月31日这些挂牌企业在上市前的股本规模在3000万～878981万股之间，平均股本规模达到

50972.18万股。从中位数角度看，位于0～10000万股之间的企业数量是最多的，这部分企业都是中小企业规模，证明这些科技型中小企业在符合国家对科创板上市条件时，能够抓住机会，提升价值，积极参与资本市场。

2.科创板股票成交情况

科创板从成立以来，成交数量、成交金额、成交笔数、换手率都展现了不错的业绩。如表4-7所示：

表4-7　科创板上市企业成交量

指标	2019.7.22—2019.12.31	2020.1.1—2020.12.31	2021.1.1—2021.3.31
成交数量/亿股	305.2	1199.54	268.55
成交金额/亿元	13294.26	65916.71	16091.52
成交笔数/万	3643.69	17179.28	4737.33
换手率/%	6.76	4.53	3.47

数据来源：Choice数据库

从上表看出，2021年一季度的成交金额、成交笔数比2019年半年的数量还要多，说明市场的活跃度逐步增强，流动性在大幅增加；成交数量的减少证明大多企业的股价在慢慢提高，这些表明投资人对科创板市场和企业的热情和认可度逐渐增强。换手率回归稳定，说明市场在撤去炒作初期后，投资人对企业信任度很高，对企业后期价值增长较有信心，持股稳定。这有利于中小企业融资后的长期发展。

3.科创板股票发行情况

发行股票是企业用股权进行融资，选择上市是为企业长期发展提供现金流。科创板企业上市发行股票次数及发行数量保持稳定增长的态势，2020年一整年发行94亿股，可见市场活跃度较高，企业在科创板上市流通性较强，这背后与政府的大力支持是密不可分的。由于科创板上市企业初次募集资金较多，所以截至目前增发股份的企业并不多，2020年全年只有10家企业增发新股，这也证明科创板首发募集的资金对上市公司经营发展的长期效用明显，加之地方政府对上市后中小企业的支持，能够支持企业在相当长时期内完成研发投入，从而促进科技型企业更好发展，价值不断增长，吸引更多投资人，这样真正发挥了中小企业股权融资和资本市场应起的作用。

（二）平台优势明显

科创板在缓解中小企业特别是科创型企业融资方面，具备三点优势：

1.企业信息更加透明

根据注册制的相关要求，申请上市的企业必须完全披露信息，投资者自主承担信息不对称造成的损失。监管规定使企业信息更加透明，提高了投资人对企业价值更准确地估值，这样就将企业股权的定价最大限度地交给了市场，充分体现了公允性。这种要求对由于信息不对称造成的中小企业融资难得到了一定程度的缓解，投资者对科创企业的态度就由观望转为主动，同时中小科创企业被要求必须完全披露信息，不能有遮掩的技术和模糊的财务，督促企业财务管理更加规范，企业整体管理水平不断提高。

2.上市条件更加宽松

首先，科创板对上市企业只以市值为标准，只要符合条件的科技型企业，经过审核符合法律规定即可。其次，根据要求，只对市值低于10亿元人民币的中小科技创新企业要求"净利润"为正。另外，科创板允许符合条件的特殊股权结构企业和红筹企业上市，解决了一些企业创立之初产生的"同股不同权"等特殊股权结构。用更强的监管制度和更透明的信息披露更加包容企业最初的特殊性。更加宽松的条件规定，达到一定规模的上市公司可以拆分一些符合条件、业务独立的子公司上市。这样使萌芽期和成长期的中小企业有了融资的机会。

3.退出机制更加完善

首先是直接定价方式取消。由于信息足够透明，上市要求完全法制，企业的定价权完全交给市场，上市后交易涨跌幅限制也放宽很多，但后期监管更加严格。企业上市后面临更完全的信息披露和更严厉的监管。另外退市机制更加完善。科创板对既有的退市机制作出了优化，发布了新的退市程序，取消了暂停上市、恢复上市环节，缩短了退市流程。科创板不再以单一的财务指标作为退市指标，而是从重大违法指标、交易类指标、财务类指标和规范类指标四个方面对退市标准作出了规定，努力形成"好进坏退"的良性态势。这些做法对优质的中小科创企业利好，也使科创板这一平台运营更有活力，更加公平。

经过3年的运营，事实证明，科创板搭建了投资人和中小科创企业之间的桥梁，并且督促中小企业提高自身管理水平，改善了企业内部的融资环境。作为上海建设国际金融中心战略的重要组成部分，科创板这个平台定会进一步培养成熟的投资人，推进证券市场的整体建设，完善国内多层次资本市场。

（三）科创板存在的问题

在科创板业绩高速增长的同时，也存在一些不容忽视的问题。

1.门槛设置效率效用不高

目前科创板根据市值、净利润等指标设立了上市门槛5套标准，对于市值越小的公司，门槛越高，市值越大门槛越宽松。存在的问题是，虽然企业看似符合准入门槛，但由于未来发展受限或估值过高，会导致企业上市后面临进退两难的境地。另外，对投资人的门槛设置过高，50万元股票资产的门槛将95%的自愿投资人拒之门外，而有些炒作者则合并资产，进入科创板，短期获利退出，不利于扩大价值投资人市场。

2.股价波动较大，对投资者保护不足

科创板股票竞价交易设置较宽的涨跌幅限制，根据《科创板首次公开发行股票注册管理办法（试行）》《科创板上市公司持续监管办法（试行）》，上市前5天不限涨跌幅，第6天开始设限20%，一旦股价被高估就会招致市场做空，可能会加剧市场波动，导致投资者面临较大投资风险。

3.市场发展的动力较弱

科创板开市为科技型中小企业开辟了新的融资渠道，其市场反应预期应该敏感而强烈，经过几年运行发现投资科创板的人数增长速度并不如预期快速，财富示范效应也不明显，资金进入速度和规模小于预期，科创板活跃度提升较慢。

4.企业融资资金使用效率低

上市之初企业的资金用途显示：2019年9月，使用募集资金购买银行理财产品的科创板公司就达到15家，占整个科创板公司的48%。这反映出有些不缺资金的公司抢占了上市资源，其所募集的资金不能高效运行，或多或少为国内中小企业创新发展之路带来了不好的示范效应。

5.问询内容和方式不利于投资人

注册制以信息披露为核心，强调信息的真实、准确、完整。但信息披露应以投资者需求为出发点，在保障信息披露质量的基础上，促使披露的信息详略得当，重点突出，便于投资者阅读理解。而现实的情况则是，一方面，各企业信息披露内容多、信息量大，以首批上市的25家企业为例，披露的招股说明书平均页数为480页，首轮问询回复平均页数为341页。真正关心的问题被淹没，反而不利于投资者作出投资决策。另一方面，部分信息重在合规性审查，与投资决策相关度不高。综合来看，全面问询信息披露量太大，面面俱到的问询方式在一定程度上导致信息冗长，重点不够突出。

6.中介机构职责有待进一步监管

在科创板中，对于中介机构的行政责任、民事责任的规定仍未作出任何改变，中介机构之间职责划分、责任分担问题仍未落实。核准制下，很多中介机构因并未勤勉尽责，与发行人勾结串通损害投资者利益时有发生，在注册制下，科创板并没有作出修改和进一步规定，中介机构的审核职责、严格把关的职能就存在着很大的风险。中介机构中保荐人牵头负责，会计师事务所、法律事务所的独立性较弱，机构内不平衡，起草的招股说明书等文件主要是为通过监管审核服务的，而不是从投资者角度出发进行信息披露，导致信息披露语言表述不够友好、文件格式和内容安排不够规范。此外，中介机构由于对新兴产业和企业的科技创新技术认识有限，招股说明书的披露存在于科技创新相关事项不够充分、业务模式不够清晰、企业生产经营和技术风险揭示不够到位等方面。在问询回复中，中介机构的回复也存在语焉不详、避重就轻的问题。

7.风险揭示有待强化

科创板企业自身存在的不确定性加剧了投资风险。科创板企业所处行业和业务往往具有研发投入规模大、盈利周期长、技术迭代快、风险高等特点，公司的收入水平等方面均难以有效预判。同时，科创公司不同于一般公司，它以科技和创新为标志，科技含量、创新能力等关键指标是其核心竞争力，因此，对科创公司业绩的判断需要专业知识，这对于普通投资者来说，很难对科创公司的价值作出科学准确的评估判断。尽管交易所问询中强调了对风险因素披露的要求，但从企业的招股说明书和实际问询与回复的情况来看，风险因素覆盖面较窄，问询中关于风险揭示的问题也相对较少，有关风险提示的要求依然有待提高。以首批上市的25家企业为例，招股说明书中"风险因素"章节的篇幅占比平均为1.90%，相对于动辄三四百页的招股说明书，不到10页的风险描述未免过于简单。而首轮问询中关于风险揭示的问题更是寥寥无几，通常40余个问题中只有一两个涉及风险。发行人对风险因素的描述不够详尽和细致，一方面，风险因素多集中于市场竞争加剧、公司业绩下滑、募集资金投向等共性风险，针对性不足且存在风险表述过于笼统、模糊的问题；另一方面，对关键性的业务风险也是点到即止，如"若公司的新行业拓展策略、营销服务等不能很好地适应并引导客户需求，公司将面临新行业市场开拓风险"，缺乏风险因素的定量分析。

第五章　中小企业债务性融资方式的研究

中小企业的债务性融资中银行贷款、债券融资占有较大比例，在当前情况下对其进行研究和改进仍是最有效的方式，同时在债务性融资中，担保体系对提高中小企业债务性融资的可行性和扩大融资额具有重要作用。另外，融资租赁行业作为一种有效缓解中小企业融资困境的方式，本书也将其归为债务性融资方式中加以总结和研究。

第一节　银行与中小企业债务性融资的研究

当前，我国的中小企业间接融资的主要渠道还是银行的借贷。这些年来，在国家政策的鼓励下，银行等金融机构提高了对中小企业的贷款扶持，发挥了主要渠道的作用。但仍然存在一些问题，如：贷款覆盖面仍比较低。截至2017年末，中小企业银行信贷的覆盖范围仅为16.9%；另外据调查显示，中小企业贷款审批难度还在增加。鉴于当前经济形势下，银行在中小企业债务性融资中仍然发挥着重要的作用，而目前我国大部分银行的管理意识、管理水平及信贷技术和方法仍有欠缺，为此，对银行在中小企业融资方面的作用尚有许多值得探讨的地方。

一、信用评价技术的提高

银行在市场竞争中处于两难选择，优质客户利率低，中小企业违约率高，其利润减少和不良资产减少存在负相关。所以，银行在进行贷款决策时，要综合考虑评估客户的风险状况和贷款收益之间的关系，通常把信贷的边际成本同增加贷款的边际利润结合起来。

对客户的事前信用评价是银行的基础性工作。在技术上，一方面对企业进行现场尽职调查，另一方面通过企业外部的信息，即通过收集其他银行或金融机构对企业的评价等。在分析了上述信息后对客户作出风险等级评价，用内部的历史资料进行回归分析，以便判断出贷款损失的概率来指导是否向企业发放贷款及贷款的利息。随着金融科技的进步，信用评价技术也有了提高的手段和途径，来自各部门的信息及信息平台的建设也会提高信用评价的效用。不仅是大型国有商业银行，一些股份制银行、城商行、农村银行、村镇银行等也应加速金融科技手段的应用，从而降低对中小企业调查信用的成本。

二、抵押多样化的趋向

银行要求企业提供贷款抵押物，这是银行防范风险、减少资源错配的重要措施，无可厚非。但在抵押品的选择上，国外的银行比我国的银行选择的范围要宽泛得多，其实从理论上讲，凡是企业的所有资产和权益都可以成为抵押品，而我国银行期望的抵押物只是土地和房产，即所谓的"硬抵押"。但对中小企业来讲，资产规模本身就小，前期即使有土地和房产也都做了长期贷款的抵押了，在接下来的甚至急需的短期贷款中就不会再有上述的"硬抵押"物了。国外的银行针对这种情况，采取了灵活多样的抵押物的选择。近年来，随着我国有些商业银行对中小企业的倾向性服务加大，有些灵活度高一些的股份制银行也部分地开展了存货质押贷款。而企业的应收账款贷款则大部分由保理公司来作为主营业务，当然其贷款成本要远远高于银行的贷款成本。下面几种方式都是可作抵押的。

（一）存货抵押贷款

由于企业的存货大多是处在不断流动的状态，所以操作这些资产的抵押确实需要技术上的支持和管理水平的不断提高。其中公开仓储融资、就地仓储融资、信托收据融资和抵押单存货融资的方式是成熟且可以采用的。

公开仓储融资是银行要求贷款企业将存货存放于第三方的仓库，企业销售存货所得由购货方直接付到企业在银行的账户上，再由银行通知保管方提货的融资方式。当然此种方式会增加运输成本和第三方的保管费用，相当于提高了贷款利息。

就地仓储融资的优点相对公开仓储融资是不用支付较高的仓储管理费，而且存货使用也很方便，因为仓库使用的是企业自有的存货地点，监管由银行雇用专业的仓储保管公司介入企业的仓储地来管理，只由银行支付一部分费用。这样做综合成本会大大降低。这种方式对一些生产制造业，尤其是可存储、保质期长的或搬动不易的企业来说具有很强的操作性。对企业来说可能将销售的增长与融资的增长匹配起来，使资金的使用具有弹性且成本较低，为企业发展不因缺少硬抵押而融不到资金。

信托收据融资则更简单，直接将法律上的商品所有权划归银行，当中小企业通过银行贷款购买货物后，向银行出具信托收据，而不用第三方监管。当企业将货物销售后，收入直接转到银行的账户。信托收据融资对于易于辨认的货物较为适宜，银行人员能够清晰地看到是卖了还是存在，比如汽车、耐用消费品或机器设备等。

抵押单存货融资是以第三方定期签发给贷款银行的抵押单作为中小企业的抵押品的融资方式。在抵押单上，第三方写明贷款企业的抵押品的数量是一种真实的存在。企业的存货信贷浮动价值部分的风险由第三方机构承担和监管,同时通过一些服务使借款人与银行之间的关系相对简化。银行通过加过"保险"的产品价值简化了与借款企业的直接冲突,对于第三方也有好处。第三方的专业化程度也为可抵押品的选择扩大了范围。

在我国,由于缺乏第三方专业化的服务和技能,抵押单存货融资对银行的技术和服务提出了较高的要求,其实这是一项可以把当前对企业的授信与企业经营业务和销售及应收账款结合起来的业务,能够极大地降低银行出现不良的风险和概率。

(二)应收账款抵押融资

这是在国外比较普遍的一种能为中小企业提供流动性资金的方式,银行认为应收账款是优于存货的抵押品,具有许多优点,非常适合中小企业。首先,应收账款式抵押会最大限度地减少企业流动性对正常业务的影响,也不会改变原有业务的支付方式。其次,应收账款抵押会使贷款企业的信息更加透明,减少了信息不对称程度和道德风险,甚至银行的介入会减少购货方的故意拖欠的行为。最后,银行还可以把应收账款实施证券化再进行融资。这一点企业是做不到的,这在发达国家已具备成熟经验。

(三)应收账款买断或应收账款代理融资

应收账款买断或代理是在应收账款抵押融资的基础上发展到由一次性融资变成连续性融资的形式。只要代理融资协议生效,货物和资金就会按约定自动周转。这种方式的好处有:一是银行间相互合作,通过对购货企业的信用进行分析和了解,减少了信息不对称。二是中小企业获得借款的效率提高了,只要是订货单得到银行的认可后,企业就可以拿到贷款进行下一步的经济活动。三是银行代中小企业承担了购货者不能履约的风险。这是部分信用保险的职能在银行的作用中的体现。

三、债务合同的协商管理

信贷合同管理技术是为解决中小企业贷款中信息不对称问题的又一技术方法。贷款合同管理对企业和银行两方利益的调整极其重要。银行会在企业的财务状况或经营战略方面发生变化时及时调整贷款条件，这样对中小企业的投机及冒险行为进行了约束。但是过于严格的贷款合同也可能会增加道德风险，因此银行也应给予中小企业以重新谈判的权利。就某些条款双方要重新协商，以期既符合企业的经营策略同时也符合银行的风险控制。在一般情况下，银行居于主导地位，合同的风险会让银行在主要条款比如贷款期限方面作出有利于自己的安排。此外，银行还可以适当延长贷款期限，同时保证监管的随时落实和深入，这样的条款对于除非恶意拖欠或拒绝还款的中小企业来说都是可以接受的。在英美等国家中小企业的平均贷款期限要长于我国的贷款期限，其中25%以上长于3年，有近30%以上长于10年，这样的安排，对银行的监管业务能力是重要的考验。从某种意义上讲，我国银行业的综合能力的提升也是中小企业贷款难问题的解决措施之一。

四、建立新型银企关系

（一）注重长期稳定关系

现代金融理论认为：中小企业与银行尤其是一家银行建立长期的紧密联系，有利于中小企业缓解与银行的信息不对称并得到银行贷款。银行虽然掌握着企业的账户，但是对企业全面信息的了解也是需要在一定时间内与企业长期互动中才能获得。如果一家中小企业与多家银行建立借贷关系，则每一家银行对企业信息的掌握都不会全面，为此谨慎的银行就会减少企业的贷款。因此无论从中小企业自身的规模还是银行的监管角度，中小企业保持与一家或少数几家银行的长期关系有利于获得贷款。这也是国外的基本做法。现实中，中小企业都应遵从"基本"银行的原则来获得最大的贷款支持。在我国，大部分银行对中小企业也存在着"惜贷"的现象，这也反映出银行在评估中小企业贷款质量和风险方面缺乏技术方法，同时也不注重与中小企业保持长期合作关系。自我国推行"主办行"制度以来，中小企业逐步意识到与银行保持长期稳定关系的重要性，但限于部分股份制银行、中小银行在支付系统方面尚存在效率低，跨行、跨区域结算不方便的情况，使企业不得不选择在多家银行开户。银企关系的改善还有很大的提升空间。

（二）银行的市场力量

有些专家认为在银企关系中，银行有一种市场的力量。因为银行有可能排斥其他竞争对手，银行与企业签订的贷款合同有约束力，企业对基础银行的信赖性强同时转换成本较高，在存款和贷款市场上银行具有"垄断竞争"的地位。这种现象的存在具有正面的影响就使银行获得了在信贷政策与信贷价格方面的主导能力。Petersomt Rajan（1994）的研究发现：当银行的市场力量增加时，信用级别低的小企业也有可能获得贷款支持[1]。

同时，银行的市场力量也会使中小企业试图和多家银行建立关系，避免受制于一家银行，在企业实力增强时转换基础银行，即使这样做都会增加企业的成本。银行间也会出现从众行为，跟随其他银行放贷而不去做相关的调研工作，会使银行出现冒险行为，减少竞争意识和增加提升管理水平的工作。根据调查研究发现，在我国，由于经济所有制和意识形态与西方国家不同，银行的市场力量存在形式也不同，但却增加了银行在信贷市场上的主导权，影响了非国有中小企业贷款的可得性。

---

[1] Petersen M. Rajan: The Benefits of Firm-Creditor Relationships: Evidence from Small Business Data, Journal of finance, 1994,49:3-37.

（三）中小银行的业务模式

不论是融资理论还是现实操作中，中小银行和中小金融机构更倾向于向中小企业提供贷款。虽然从总量上看，中小银行向中小企业提供的贷款总量要少于大银行提供的数量，但从占银行总资产的比例和占全部贷款额的比例这两项指标来说，中小银行给中小企业的贷款的比率要明显高于大银行的比率。从经济学机理上分析：一是逆向选择问题，大银行优先选择信息不对称较轻的大型企业。二是贷款的规模经济问题，同样一笔贷款银行给中小企业，则会因规模小，金额少，成本却不少，造成相对于给大企业贷款比较而言的不经济。三是大银行内部层次多，较高管理层次的机构控制的资金较多，下放给中小企业的金额就会减少。

中小银行更倾向于向中小企业贷款。分析其原因如下：首先，监管部门规定向一家企业的贷款不能超过其总资产规模的一定比例，对单一客户有限制，会对中小银行向大型企业贷款起到约束作用。其次，市场竞争会对中小银行向大企业提供贷款产生限制，无论是金额还是服务范围、质量都无法与大银行相比。再次，对中小企业的贷款对中小银行来说风险较小，与给大型企业做大规模贷款会给中小银行带来较为集中的风险不同，中小企业的系统性风险可以通过技术方法加以控制。最后，中小银行的市场力量较小，对大企业的约束和监管能力也会减弱，只能做些"跟随贷款"，使其转而向中小企业贷款。

我国金融改革以来，也建立了一些中小银行和中小金融机构，全国的大部分原来的城市信用社改制成了城市商业银行，原有的农村信用社也纷纷改制成了农村商业银行，然而我们在成立诸如民营村镇银行方面制定了国有化或国有控股的要求，使得一些银行在成立之初就存在着管理水平不高、管理效率低下的问题，有的甚至已经发生了风险。中小银行等金融机构完全可以按市场化要求，通过兼并重组，形成业务发展规范的机构，切实为缓解中小企业融资困境发挥作用。

第二节　债券市场与中小企业融资的研究

一、我国债券市场发展历程

我国的债券市场有代表性的起点从1981年恢复国债的发行算起，1983年开始第一次发行企业债券，企业短期融资债券于2005年首发，公司债券于2007年发行第一只。我国企业的融资在加大银行贷款之外，发行企业债券进行融资的速度和规模也在不断增加，截至目前，企业债券的融资规模已经超过上市股票融资的规模。通过十多年的数据来看，我国企业通过企业债券进行融资的比例在企业债务中的比例从2003年的1.5%，已经上升到了2016年的16.85%，而同年度企业通过股票融资的比例占有6.97%。从整个债券市场发展的规模看，2016年全债券市场融资公司规模达到了36.4万亿元，2017年为40.8万亿元，2018年为43.8万亿元，发展速度较快。企业债券包括企业债、中票、短融、定向工具和资产支持计划。2016—2018年，企业债共计分别为9.3万亿元、6.9万亿元和9.3万亿元，占市场债券融资规模的比例分别为25.77%、16.87%和21.18%，债券市场逐渐成为企业融资的主要渠道。

二、我国债券市场的基本现状

我国债券发行按照主体的信用程度可分为信用债和利率债两种。其信用债的发行人发行债券完全靠自有的信用，违约风险可以说是依据发行人的信用而言的。信用债指以发行主体自身的信用为背书的债券，如公司债、企业债、中票和短融等。而利率债是用国家信用作为背书，其违约风险与国家信用相绑定，如国债、央票和地方政府债等。

我国国债和地方政府债券占有债券总体规模的比例可以达到35%以上，非金融企业债和公司债约占比例20%。我国的企业债是国家发改委在审批各类项目时，将配套的资金通过发行企业债来支持项目而为企业融资的方式。公司债则开始于证监会为拟上市的公司融资而采用的一种方式，直至后来遍及全体企业。银行间交易商协会则为企业创建了中期票据、短期融资票据融资的方式。企业债、公司债、中票和短融、定向工具和资产支持证券等种种债券融资工具都是支持企业直接融资的，而且都是信用债，近年来都得到了长足发展，为企业融资和项目发展提供了支持。

随着企业日益增长的融资需求，我国的债券产品也日益多元化。我国银行间交易商协会自2010年以来相继发布了非金融企业的集合票据、非公开定向工具和超短融资券业务的试行及操作指引，增加了相关业务的发展。2012年上海证券交易所又为中小企业私募债的发行打开了渠道，使之成为中小企业融资的又一渠道。

三、债券市场发展与中小企业融资

我国企业债券市场的发展在1984—2004年20年的时间发展是比较缓慢的，债券种类少，发行规模少，交易频次和数量也少。自2005年开始，我国债券市场快速发展，种类、数量、规模都大幅增长，政府配套的各项政策和法规也日益丰富完善，但在总体风险上没有很好把控，以致到2012年末风险积累使政府不得不于2013年出台各项政策来加强监管，收紧了企业债券的发行，导致规模增速一度下降。2015年后，我国债券市场经过优化各方面日臻完善，企业债券的审核效率、发行速度和规模均得到了提升。我国的债券市场发展经历了起步、成长、发展到完善的各个阶段。虽然最开始债券融资主要是为国家、政府等主体发行，并没有面向中小企业这个主体开放，但随着债券市场的发展、各参与主体的增多，债券市场作为满足各主体融资的工具也逐步创新发展，中小企业作为一类融资需求强烈的主体也从债券市场上获得发行资格，得到了各种资金的支持，有效地缓解了融资的困境。

（一）中小企业债券的种类

目前，我国中小企业在债券市场上通常有中小企业集合债、中小企业集合票据和中小企业私募债三种形式融资。中小企业集合债顾名思义就是集合多个中小企业成一个主体来共同发债，每个企业按照各自的份额认领发行额度和还本付息，整个债券由企业所在地政府牵头组织，统一命名和收付。政府组织就是运用了国家的信用，为中小企业背书，让中小企业也具备了资格可以发行债券。中小企业集合票据则是由中国人民银行和银行间交易商协会推出的集合了2个以上、10个以下的非金融类的中小企业，在银行间债券市场发行债券的工具。这种集合票据也为改变中小企业的融资结构发挥了重要作用。中小企业集合债和中小企业集合票据都是中小企业发行债券，利用了政府的信用或集合的信用以统一的名义进行的。中小企业私募债是属于公司债的范围，它以非公开的形式发行和交易，自2012年以来迅速成为中小企业发债最主要的方式。据有关数据资料显示，目前中小企业私募债券发行数量最大，大于中小企业集合债和集合票据之和，占中小企业债券发行只数的比例近90%，发行金额也达到了80%以上。由于中小企业私募债市场化程度较高，一般主体信用级别仅为Ba或BB级以下，其风险和收益也相对较高。

（二）债券市场对缓解中小企业融资困难的作用

（1）债券市场作为企业良好的融资渠道对中小企业来说也是非常有利的。虽然目前中小企业在债券市场上的份额不如其他主体，但毕竟相对于其他股权融资或债务融资方式的高要求和高成本，债券市场的不断完善和创新给中小企业债务融资打开了可行的大门。随着债券市场扩大规模，产品创新加强，同时针对中小企业债券的类型也在不断地增加，日益突显了债券市场拓展中小企业融资渠道、满足中小企业融资需求的作用。

（2）债券融资有利于完善中小企业各项制度，提升综合管理水平。因为发行债券，必须要求发行企业披露信息，尤其是企业的财务信息，中小企业只能按照要求做才能成功融资，所以这对减少中小企业在融资方面的信息不对称问题大有帮助，还能促进中小企业加强自身管理，完善各项制度，提高整体素质。

（三）中小企业债券融资存在的问题

我国债券市场的快速发展为企业尤其是中小企业缓解了融资问题，但无论是债券市场本身还是中小企业融资过程中仍存在一些问题。

（1）市场的作用发挥受限。一方面，在债券发行过程中市场监管部门对发行的程序、规模、方式、利率等实行了较多的干预，当然这也是国家从宏观调控的角度来做的操作，但这也会限制债券市场自身作用的发挥。另一方面，监管制度的不完善和监管机制的漏洞会使一些市场风险得不到有效控制，企业信息造假、信息披露不合规、企业发生兑付危机的现象频发，使企业债券的信用风险日益突显。

（2）债券市场对中小企业限制过多。在我国《公司法》中明文规定了公司债的发行主体基本为国有企业，在有关法律法规中对企业债的发行也提出了必须适应国家产业政策的要求，对发行债券的企业的资产规模等也提出了明确标准，这使得绝大多数中小企业局限于自身的条件而不能发行债券，无法利用债券市场的效用。随着中小民营企业在国民经济中作用的日益突显，其在债券市场中的地位也得到了国家的重视，着手引导设立专项民营企业的债券支持工具，能够促进民营企业在债券市场取得融资，同时也为一些需要偿还当前到期债务的中小企业建立了应对机制。

（3）投资者参与主体较单一。我国的债券市场仍存在着发展的空间，在投资者主体方面多以机构投资者为主，参与主体的范围和资格有较多限制，距离企业融资的需求仍有较大差距。

（4）中介机构的问题较多。在企业发行债券的过程中，中介机构尤其是信用评级机构能否客观公正地报告，对于市场的稳定性建设和保护投资者利益都具有重要的影响。实际操作中有些机构为赚取过多利益为企业提供虚假报告，扰乱市场，欺骗投资者。

第三节　中小企业融资担保体系的研究

一、融资担保对中小企业融资机理分析

融资担保顾名思义就是为融资方提供担保以使其融到资金，在融资方不能按约定如期偿还时，由担保方代为偿还的一种保证方式。为防控风险，融资担保一般要求融资方提供反担保，包括抵押物。与融资担保功能相同的有信用担保，主要区别是信用担保更加强调信用授信，不要求有抵押物，给融资方一定授信额度，为其融资提供担保。一般政府背景的担保公司更加强调信用担保的方式，融资担保公司更具有商业性和盈利性。分析信用担保作为一种增信方式对中小企业融资的效率会更加明确担保的作用，推进担保业的发展及完善相关的制度。下面对担保提升中小企业融资效率的机制进行分析。

（一）担保制度模型的假设

（1）担保方能够将中小企业的所有动产、不动产及无形资产都作为反担保物，并对担保业务及所担保企业拥有全部贷前、贷中和贷后处置能力。

（2）担保方完全了解贷款企业的所有信息。设中小企业向银行申请的贷款将全部用于投资一个项目，该项目成功的概率为P，则失败的概率为$1-P$，产出为R，投资的机会成本为e，银行贷款的本金与机会成本合计为b。设银行贷

款的利率为r，贷款本息为$F=1+r$，担保费为α，反担保品价值为β。担保公司担保责任比例为δ。项目期望收益要满足$PR>e+b$，才能使企业和银行满意。

（二）融资担保方的信用增级作用分析

1.正常银行贷款的资金供求情况

没有融资担保方时，银行贷款资金的供给会随利率的提高而升高，但由于信息不对称和逆向选择的作用，贷款的供给会在信息达到一定程度后出现下降。

2.银行与企业直接发生信贷，供需实现均衡的情况

在银行与企业直接发生信贷时，银行的资金总供给与企业实际的资金总需求之间存在着资金额的差或称资金缺口。在此情况下，企业只能把需求下降到银行的供给金额，两方才能相交，达成均衡。而企业因为未能按所需金额得到贷款，而存在着一定的资金缺口。

3.担保方介入时，信贷供需双方实现均衡的情况

在担保方为中小企业提供担保贷款增信后，这时企业能够得到的有效资金需求提升了一定的金额，银行贷款资金的供给也得到了一定的增加，这时银行与企业的信贷在新的水平上达到了均衡。这时企业虽然仍然有部分未能满足的资金需求，但相较于没有担保方介入时的资金差额要明显地减少。这表明了担保方的介入为企业提供的增信担保，在供给和需求方均扩大了规模，形成了新的均衡，不仅中小企业获得了更多的资金支持，而且银行的贷款量也得到了增加。

（三）贷款前尽职调查中的比较分析

（1）在银行与企业双方信贷市场中由于银行与企业之间存在着信息不对称，银行便通过直接尽职调查法审核企业，要求企业提供详尽完备的资料及年度审计过的财务报表，有些中小企业做不到或制造虚假信息，使这种方法的效

率和效果不良。于是银行就采用间接判断法要求中小企业作出选择：要么选择高利率低抵押要求，要么选择低利率高抵押要求。在这种情况下，愿冒风险的中小企业为拿到贷款投资项目往往选择第一种，不愿冒风险的中小企业往往选择后者，但由于大多中小企业没有抵押物或抵押不足而放弃申请贷款。这样间接判断法只会让高风险的中小企业申请到高利率的贷款，这就会为银行贷款未来出现不良埋下了根源。这即是逆向选择造成的"劣币驱除良币"的现象。

（2）在担保方介入后的信贷市场中由于融资担保方介入，银行不再直接对企业，银行也对担保方提出间接判断的两种方案：一种是高利率、低担保责任，另一种是低利率、高担保责任。鉴于之前的假设担保方对企业项目信息掌握得较多，如果知道了自己担保的是高风险的中小企业，会选择低责任，让银行多担风险，而自己也会承担高利率；反之确信自己担保的是低风险中小企业，就会选择高担保责任，而承担较低的利率以获得收益。

担保方判断中小企业的风险类型也为中小企业提供两种选择，一种是高担保费、反担保措施较低，另一种是低担保费、反担保措施较高。高风险型的中小企业同银行的选择一样，选择高担保费低反担保要求，而担保方在此种情境下会选择高利率、低担保责任的方式与银行合作。银行可据担保方的选择来判断担保贷款的中小企业的风险。鉴于假设融资担保方在掌握了中小企业全部反担保物时，同时掌握了更多的企业信息，银行的间接判断法也生效了。这个过程中会产生两种逆向选择，即担保方对银行的和企业对担保方的，可以这样计算，这两种逆向选择加起来如果小于单一的银行对企业的逆向选择，则融资担保方的作用就体现出来了，说明担保方的介入减少了银行的逆向选择，提高了中小企业的融资效率。由于之前假设了担保方与中小企业之间不存在信息不对称，这样就没有逆向选择的存在，而担保方对银行的逆向选择因担保方与银行的背景相似而使信息不对称程度较小，这样担保方对银行的逆向选择就明显小于银行直接对中小企业的逆向选择，证明了担保方介入银行贷款业务，具有提高中小企业融资效率的作用。

银行对担保方提出一些要求,大致有两条:一是划分担保方与银行的担保责任比例,努力让担保方承担高比例担保责任,在我国的实践中,担保方多是政府背景的担保机构,在与银行签约时处于弱势地位,大多承诺承担中小企业违约的全部风险损失。二是向担保方或担保公司要求缴存保证金,以一定金额的现金存款存到银行来保证担保责任的履行。在我国担保公司若向银行存入保证金,一般不会少于10%的比例。担保公司的资本金都是有限的,担保机制的发挥也要以担保倍数予以保障,交纳保证金对于担保机构担保作用的发挥有消减的作用。在我国的实践中,银行对担保公司不仅要采取直接调查法确定合作模式和缴存保证金与否及比例,还要通过对具体担保项目采用间接判断法来掌控风险,这样也减少了银行对担保方的逆向选择。从总体来说,经过担保方介入后的逆向选择要小于银行直接对企业的逆向选择,所以担保方的介入对中小企业融资是有效率的。

(四)贷款后防范道德风险问题的比较分析

道德风险大多是发生在贷款后中小企业把银行的资金挪作他用或不按期归还贷款的行为。银行为防范企业发生的这种道德上的故意就需要在企业贷款后对其行为进行监督,为此要产生各方面的成本,由于中小企业的规模小、贷款少及不规范等特点,使银行的监管处在不经济的状态。为分析这种道德风险的危害,区分担保的介入对这种道德风险的防范有无作用,我们作如下假设:①中小企业的道德风险发生的危害程度与中小企业经营的努力程度成反比,即中小企业越是努力经营其道德风险越小;②贷款投资的项目的成功概率与中小企业的努力程度是一致的,即中小企业项目成功的概率为p,努力程度为p,其为项目所付出的劳动为$1/2cp^2$,其中,$c>0$,是常量。

1.无担保方介入时中小企业的最优努力程度

银行根据中小企业的风险情况确定是否放贷及贷款的利率,中小企业则根据银行的贷款和利率来决定自己的最优努力程度,最大收益为:

$$\max\left\{p(R-F)-\frac{1}{2}cp^2\right\} \tag{5-1}$$

假设市场是充分竞争市场，则银行的利润为"0"，

$$pF-b=0 \tag{5-2}$$

由（5-1）可得$p=(R-F)/c$，$F=R-pc$，代入（5-2）得

$$p(R-pc)-b=0 \tag{5-3}$$

假定$R^2-4bc>0$，在只有银行与中小企业两方的情况下，中小企业的最优努力程度为：

$$p=\frac{R\pm\sqrt{R^2-4bc}}{2c}\ ,\quad p_1=\frac{R+\sqrt{R^2-4bc}}{2c}$$

2.担保方介入后中小企业的最优努力程度

由于担保方的介入，中小企业成本中加入了担保费用，同时需要提供反担保品，这时中小企业的最大收益为：

$$\max\left\{p(R-F-\alpha)-(1-p)\beta-\frac{1}{2}cp^2\right\} \tag{5-4}$$

这时设银行的利润约束条件为：

$$pF+(1-P)\alpha F-b=0 \tag{5-5}$$

设担保方的利润约束条件为：

$$p\alpha+(1-P)(\beta-\alpha F)-\pi=0 \tag{5-6}$$

消去F和α，解得：

$$p=\frac{R\pm\sqrt{R^2-4c(b+\pi-\beta)}}{2c} \tag{5-7}$$

假定$R^2-4c(b+\pi-\beta)>0$，在担保方介入后的信贷市场中，中小企业的努力程度为：

$$p_2=\frac{R\pm\sqrt{R^2-4c(b+\pi-\beta)}}{2c} \tag{5-8}$$

3.比较担保方介入前后进行分析

如果 $p_2 > p_1$，$\beta > \pi$，$R^2 - 4c(b + \pi - \beta) > R^2 - 4bc$，通常担保公司的担保费率不高，担保方的收益要小于中小企业提供的反担保品的价值，所以 $\beta > \pi$ 成立。上式证明中小企业的努力程度在担保方介入后要大于没有担保方时自己与银行直接贷款时的努力程度，这对促进中小企业提高积极努力程度、防范道德风险是有利的。

（五）总的分析结论

前述分析表明，在满足假设的情况下，担保方介入中小企业的贷款业务会使银行的信贷规模扩大，既能够减少贷款前银行的逆向选择问题，也能够减少中小企业贷款后的道德风险问题，并且能够提高中小企业经营的努力程度。虽然在现实中，前面的假设有局限性，但这是担保方努力改进的方向，具有无限接近的可能。

如在假设一中提出担保公司能够将中小企业的所有有形无形的资产都作为反担保品，担保方很难做到这一点，同时也面临反担保品难以处置的问题。为此可通过修订《担保法》和《物权法》，完善反担保制度，增加担保品范围和发展各类资产交易平台，培育各类市场。中小企业的有些无形资产因具备核心竞争力和排他性，如专利技术、知识产权等是可以作为反担保品的，处置这些资产就需要大力培育各类资产的交易市场，建立交易平台。另外还可以扩大担保公司的规模，并使其向专业化方向发展。相同行业的中小企业由于其反担保品的性质基本相同，行业中的需求和供给会比其他行业活跃，并加之行业内的专家要对反担保品的价值进行准确评估，给予处置意见，建立担保评估技术的标准。这要求专业化的担保公司要跨区经营、扩大规模，在更大范围内寻找专家和买家。

假设二是担保公司全面详细掌握中小企业的信息，两者之间不存在信息不对称问题。现实操作中，担保公司为实现这一目标要建立多种渠道和方式：一是通过行业协会，掌握更多中小企业的经营信息，通过行业人脉、资源及长期的信息来源和参照企业来评判，同时有利于加强贷后的管理。二是推进业务向综合化服务改进，利用自身优势对中小企业所投资项目充分评估，跟踪贷款使用途径，丰富服务内容，比银行更近距离地了解企业。

二、我国融资担保发展现状

我国的信用担保体系起步晚，因为我国是公有制为主体的经济形式，本身就是以国家信用为担保的，不论是央企、国企、政府平台公司，其背景都是国家信用，无须担保。随着我国对中小企业发展的重视程度的提升，我国也日益重视融资担保在支持中小企业融资方面的重要作用。经过20多年的发展，到2000年底，全国超过200个地市建立了政府背景的担保公司，国务院于2015年出台了《关于促进融资担保行业加快发展的意见》，2017年出台了《融资担保公司监督管理条例》等文件对发展融资担保业的意义和作用给予了肯定，并提出了具体的标准和要求。据统计，截止到2016年末，我国已有融资担保机构8402家，在保余额总计1.9万亿元，全体机构的资产金额达到了9311亿元，担保贷款企业数量18.1万家。

（一）担保的组织类型

世界上各国政府的信用担保组织形式不尽相同，但其共同特征是：一是均由政府直接出资。信用担保本身就是政府的一种"公共产品"，政府出资理所应当，具体到由哪一级政府出资，可根据各国实际情况调整。有的来自中央财政预算，有的由地方和中央共同承担。二是均专门管理，不能由商业性的机构代理。虽然有些公共部门的职能和管理事务可以由中间商或商业机构代理，但鉴于信贷担保的特殊性，综合风险较大，所以各国的信贷担保管理全部由政府负责。三是非营利性。信用担保的初衷就是为了扶持中小企业，帮助其得到贷款并保障资金安全。

我国中小企业担保体系的构建以"一体两翼三层"为指导，坚持"政府扶持与市场化操作相结合"的原则。"一体"指的是采用多元化资金来源，担保机构多是企事业单位的形式，自主经营自负盈亏的企业化运作；"两翼"指的是发展国内现有的担保机构和企业之间互助的担保体系；"三层"指的是国家、省、市三个行政层级层面。各市级的担保机构负责为本行政辖区的企业提供贷款担保，省级的担保机构大多是对各市级担保机构进行再担保或对全省范围内的企业提供担保，国家一级担保机构应对地方担保机构强制再担保。

（二）贷款担保倍数的问题

由于有些担保业务要发生代偿，担保机构要准备一部分保证金以偿付银行贷款的损失。代偿率高低是考核担保机构业务水平的重要指标。通常担保倍数是根据代偿率及中小企业贷款需求来决定的。在美国，贷款担保最高倍数可达50或60倍，而我国大多地区采用5倍的倍数。可用以下公式分析代偿率为3%、担保份额为70%的情况下，担保基金的赔付额M及赔付与担保基金的比例。

$$M=P×B×0.03×0.7=0.021P×B$$

式中：P为担保倍数；B为担保基金余额。如果$P=10$，也即担保倍数为10，则担保基金将损失21%。3%的损失率目前在我国是担保公司的平均水平，为此我国的实际担保倍数为5～10倍之间。

（三）担保中银行的作用

在担保中银行与企业之间的合同关系中，担保实施方式、担保比例的确定、呆账理赔的程序和效率等都会影响到银行与担保机构各自业务和资金安全。

1.协作银行的选择

从某种角度讲，担保机构应与所有银行开放贷款担保业务。对于银行来说，只要认可担保机构的条件和方案，可以参与到担保体系中来为中小企业贷款担保，这种做法可以鼓励银行积极参与担保业务，而且银行之间可以公平竞争。

但同时也有较大的缺陷，就是担保机构对担保的数量和余额会缺乏预见和控制，造成超过担保倍数的状况发生，不利于风险的把控。所以在实际担保业务中，中小金融机构与担保机构的合作会更加密切，中小金融机构也是主要考虑中小银行作为协作银行。

2.担保比例

在我国，实际业务中担保机构多对贷款提供100%的担保，风险补偿机制就要做好充足的资金准备。当然担保比例也不能过低，低于70%，就没有了担保的作用和意义，也会降低银行工作的积极性。最佳的方式是在担保金和担保比例之间建立一个调整机制，既能保证贷款的增长又能控制道德风险的发生。

3.呆账的处理

如果发生了呆账，担保机构与银行之间的合约条款就会发挥重要的作用。一般按约定担保机构应该尽快完成理赔。呆账的追索分为银行代替担保机构向企业追讨债务的代位清偿和担保机构直接向企业追讨债务的非代位清偿。我国多采用非代位清偿，这一过程中也需要银行与担保公司明确职责和实施细则，相互配合，共同推进业务开展。

（四）担保费率与获利率

从为中小企业融资提供便利的角度讲，担保机构应该是非营利性的，但我国担保机构全是企业化管理，有资产保值增值和业务费用、人员费用的成本压力，因此收取一定的担保费也是合理的。担保费用在成为中小企业信贷成本的一部分后会同银行贷款利率一样出现或加重"道德风险"和"逆向选择"问题。因此，坚持深入担保前的尽职调查，密切关注企业经营状况变化，动态调整担保费用则是正确的选择。我国的担保机构多存在着担保费过高的情况。美国、日本等国家收费方式和费率均低于我国，无论是在前端的收费期限还是后端的风险补偿，其出发点都是不能获得过高的收益，基本保持收支平衡略有盈余即可，这也为我国的担保机构和管理思路提供了可借鉴的经验。

三、我国融资担保存在的问题

我国目前的中小企业担保机构有的是事业单位法人，采取企业化管理，大多实行会员制；有的是社团法人，通常为信用担保协会；有的是企业法人，是吸引一部分国有企业的资金成立的中小企业信用担保公司；还有的是社会资金出资形成的民营商业性担保公司。我国现有的担保机构由于发展时间短，缺乏成熟的经验，存在着一些问题。

（一）机构设立来源多，资本金不足

在我国，各种管理部门或相关机构纷纷设立担保机构，有些政府部门也直接干预担保管理，所以造成政府财政部门对担保基金的情况了解不全面，影响预算。另外会造成市场管理混乱，分割严重，不能满足应担保企业的需求和发展，最后还会成为各权力部门或个人寻租的目标，业务专业化程度低，道德风险加大，导致业务损失出现代偿率升高的现象。国内担保机构，资本金超过亿元的目前各省均有成立，但与中小企业发展需求相比，在数量金额上还是较少，且没有续源机制，都是自主经营自负盈亏的企业主体，业务远远不能满足中小企业的需要。有些担保机构实际注资情况也存在着实际缴纳不足，或被抽调的现象，担保机构本身发展就受到阻碍。

（二）担保业务水平低，风险收益不匹配

担保公司有的仅限于担保贷款，委托贷款，作为银行金融机构放款的通道，其保后监管和扶持企业的职能有限甚至根本没有，因担保对象为中小企业，其在管理能力、业务能力等方面存在不足，单纯地给予资金支持不及时保后监管和扶持就会具有很大风险。近几年不仅民营担保机构发展艰难，频频倒闭，就连有的国有大型担保公司也出现了重大的风险事件，给国家信用以不良影响。担保公司在与银行等金融机构合作中，承担了全面风险和兑付责任。对风险的

防控不专业，造成了代偿损失，单笔过大就会成为压倒企业的最后一根稻草。多数担保机构风险处置也存在渠道有限、市场有限的境遇，最后自己买单。虽然政府给担保公司补贴，但也非常有限，因此，有的担保公司对申请企业严格控制，出现"惜保"，不能发挥担保的效用，有的民营担保公司则破产跑路。

（三）传统体制的影响

我国的担保机构体系没有从国家层面给予设计，大多地方的担保机构由原来的财政部门的资金管理机构改名过来，担保业务仍由政府部门直接操作。有的是由机关管理部门直属的事业单位变更过来的，在负责人的人选上明显有任命制的特点，人才专业性不强。这些政府体制的干预对中小企业信用担保机构构成了消极影响，干扰正常业务秩序，同时为财政资金带来了风险。

（四）会员制不合理的现象

一方面，有些地方的担保机构实行会员制，这样有些交不起会员费的中小企业就不会获得担保。而会员在获得担保贷款方面存在着"优先权"，不能保证调查企业情况的公平公正性。另一方面，会员企业由于交纳了会员费而加大了成本，所以会提高担保金额，加大了道德风险。所以会员制不是一种理想的管理方式。

（五）各方之间的关系处理不当

我国的大多数信贷担保机构与银行的关系处理存在着一些问题：比如只限定1~2家银行，有些银行未能与担保公司签约和参与担保业务，造成银行之间竞争不公平。有些担保机构与银行关系处理不当，使担保倍数大大降低或加大存在银行的保证金比例，这些成本最终都被转移到中小企业身上，使企业融资成本大大提高。同时政府能否及时清偿，对担保机构能否及时理赔和处置不良都产生重大影响。处理好政府与担保机构之间的关系，使政府对担保机构在正常担保倍数下的损失予以保障是至关重要的。

第四节　中小企业融资租赁方式的研究

一、融资租赁对中小企业融资的机理分析

融资租赁业在发达国家已经发展得很充分了，在进入我国后，凭借其特点及优势被广泛地应用在企业融资领域，而且业务模式也在不断创新，开创了委托、联合、进口和出口跨境融资租赁等多种方式，这些方式都是根据企业业务模式进行创新设计，组合各种资源，联合其他机构，有效地解决了各种中小企业的融资问题。融资租赁对中小企业非常适合，其优势表现为：

（一）资金利用效率高

融资租赁的方式使中小企业很快得到生产设备等而不需支付全部资金，加快了技术设备更新，扩大了产能，加速了资金的周转和运用效率，提高了企业经营管理效益。

（二）改善财务报表

融资租赁可使企业实现表外融资，因为是企业的租赁业务，所以可以使资产与负债分离出表，所支付的租金可抵作费用，可降低企业的资产负债率，美化财务报表，而且能够合理避税。

（三）交易成本较低

银行债务融资因手续烦琐、耗时长，显性隐性成本加起来形成较高融资成本。而融资租赁业务的手续较为简便、时间成本低，有的也无须企业提供担保，

综合成本不高。

（四）改善投融资策略

相比银行流动性贷款每年偿还的压力来说，融资租赁方式更为长期稳定，租赁期一般为3～5年，季度或年度固定还款。企业可以根据融资租赁还款周期来安排自己的资金管理。

二、我国融资租赁的现状及业务模式

我国金融租赁行业比西方市场经济发达国家起步晚，其发展过程也经历了从起始阶段、爆发阶段、出问题整顿再到稳步发展、加速发展的历程。根据目前统计数据显示，我国境内截至2018年3月末，融资租赁企业已注册达10411家，其中，外资的租赁企业占比95.9%，9984家，内资的租赁企业占比3.4%，358家，金融租赁企业占比约0.7%，69家；融资租赁企业的注册资本金约为3.2万亿元，分别为金融租赁企业1974亿元，内资租赁企业2057亿元，外资租赁企业28300亿元；各类融资租赁公司业务合同余额分别为金融租赁业务23550亿元，内资租赁业务19450亿元，外资租赁业务20000亿元，共计63000亿元[1]。从以上数据分析看出，融资租赁业在我国当前的发展状态还是比较稳健的，处于每年递增的态势，2018年上市公司通过融资租赁融资的增幅达96%，可见融资租赁已经越来越受到企业的欢迎，未来发展的潜力很大。同时可见一些融资租赁业务成熟的发达国家很是看好我国的市场，外资背景的融资租赁公司在数量和注册资金方面都占绝对优势。另外，目前市场竞争促使我国融资租赁行业不断拓展业务，参与的企业主体不断增多，业务模式不断创新，融资租赁公司的专业化、规模化和规范化趋势日渐明显。即使这样，目前我国融资租赁市场的渗

---

[1] 数据来源：中国租赁联盟、联合租赁研发中心、天津滨海融资租赁研究院《2018 第一季度中国融资租赁业发展报告》。

透率仍然低于英国、美国、德国，也低于日本、韩国，可以说与市场经济发达国家还有一定差距。美国、德国的租赁市场渗透率一般在20%～30%，日本、韩国租赁市场渗透率也在8%～10%，而2017年我国租赁行业的渗透率为6.8%左右。

我国的融资租赁公司开展中小企业租赁业务已经形成了比较直租、售后回租这样的成熟业务模式，同时也不断创新出转租赁、委托租赁、共享式结构化租赁等模式。

（一）转让融资租赁

转租赁业务即承租人将其所租入的同一标的物转而出租给第三方的租赁行为，以期在同一个租赁期内获取租金价差的融资租赁。在转租赁业务中第一承租人同时也是第二出租人，将在前一个租赁合同中承让的租赁物的占有、使用和收益权再次转让。转让租赁大多在国家之间，是融资租赁公司直接融通资金的一种方式，同时也能够解决跨境融资租赁存在的各国不同的法律要求的问题。

（二）委托融资租赁

委托融资租赁业务的"委托"就是融资租赁经营权的出借行为，没有经营融资租赁资质的企业向具备融资租赁资质的企业出具委托书，委托其向指定的承租人办理租赁业务。目前在我国委托租赁很受市场欢迎，因其具有几大优势：一是由于出租人是受委托进行的业务，不需要承担风险，只收取委托费；二是拓展了租赁资金的来源，有些委托方就是资金方；三是我国企业可采用委托资产租赁的方式进行融资，加速资产折旧，调节企业所得税和税前利润。

委托融资租赁非常适合中小企业中的设备制造企业，在企业为拓展市场而开辟赊销的信用账期时，应收账款增加，现金流压力变大时，可委托融资租赁公司为原有意向购买产品的客户提供融资，以便及时收到租赁利息、保证金、手续费等充实现金流，只需付出一定的委托金，而且每月都由融资租赁公司催收客户租金，为保证企业的资金流提供了有效的扶助。这样就可以一方面让没有融资租赁公司经营权的中小企业借用了经营资质，为企业拓展业务和创收开辟了新的渠道。另一方面融资租赁公司在此种业务过程中不承担风险，只是收取委托费和相关手续费，业务稳定有收益；主要是中小企业在利用融资租赁时可改善财务报表情况，既可及时回款，防止应收过大，增加了企业现金流量，同时也可将支付给融资租赁公司的委托金作为投资理财，获得收益。最后，企业利用委托租赁业务进行税务筹划，企业先将设备卖给融资租赁公司，一次性全额开出发票，规避按月收租金、分月开发票所致的税费损失。为此，委托融资租赁对中小企业是十分适用的，达到了融资的效果，使企业避免陷入债权及税务风险，增加了投资收益。

（三）杠杆租赁

杠杆式融资租赁的模式就是在业务中加入了金融杠杆，出租人只需提供全部租赁物投资的20%～40%，剩余的资金通过以租赁物为抵押向金融机构或其他资金方融资获得，这样出租方出资少获得全部额度的投资收益，而且只对所贷款以出租物价值为限承担部分责任。杠杆租赁业务涉及多方参与人，适合由一家融资租赁公司牵头联合其他机构共同做一个大型项目，也可以成立一个SPV公司的形式独立于融资租赁公司操作，以出资20%～40%为主来吸引其他金融机构出资。这样的模式出租人可以获得设备全部的所有权，而且可以满足承租人使用长期大额资金。杠杆式融资租赁的其他出资人对出租人没有追索权，其追索对象是资产管理公司，而还款保证在于租赁物本身及其租金。

（四）项目融资租赁

项目的融资租赁可以说是融资租赁发展的一个产物。它可以理解为一种项目公司为融资或提高资金利用率向融资租赁公司提供标的物，并以本项目上的经营收益作为租金归还保障，同时辅以固定资产的价值抵押或其他担保而取得融资的一种方式。在实际操作中，项目方以项目的客观存在为前提，利用项目的固定资产部分作为融资租赁的标的物，与融资租赁公司签订合同取得资金，在项目工程建成后的宽限期内，按时归还资金利息与费用。虽然项目固定资产所有权在签订合同后归属出租方，但原项目及与项目工程建设相关的所有工作程序均由原项目方自己负责。在项目投入运营获取收益后，承租人再归还融资租赁的本金并缴清全部利息与租赁费用和收回所有权。

（五）联合租赁结合委托贷款

联合租赁结合委托贷款也是一种融资租赁的模式创新，当解决承租人需求资金较大或者标的物不能抵押给融资租赁公司时，一家融资租赁公司联合其他租赁公司或者银行进行合作，称之为联合租赁。在联合租赁的模式下，融资租赁可联合其他租赁公司或银行、信托等机构，共同对一个项目提供支持，形成合力，有助于业务达成。

委托贷款的模式是上述联合融资租赁通过银行委托贷款的渠道放款，同时承租人把抵押物抵押给银行作担保（因为融资租赁公司不能以不动产作抵押），引入银行控制风险，充分利用企业抵押物的模式，能够满足企业融资租赁的需求，灵活创新以使业务达成。

（六）进口融资租赁和出口设备跨境融资租赁

这种融资租赁模式是与国际贸易业务相结合的创新模式。中小企业为节省人力开支、提高产能和效率，对引进国际先进设备的需求日益增长。国际购销贸易大多要求买家以信用证形式交易，国外供货商按单生产，即期信用证需要中小企业在国内银行的信用或现金存款达到要求，为此国内需要采购设备的中小企业面临很大的融资压力。另外随着我国"一带一路"倡议的推进，我国中小企业与沿线国家国际购销业务大增。这些都需要发展进口与出口设备跨境融资租赁来满足相关中小企业的融资需求。

1.进口设备融资租赁

进口融资租赁模式与国内售后回租的模式不同，不仅会减轻企业先期支付货款的压力，也会让中小企业按照融资租赁的租期实现分期付款以减轻其在银行开具信用证需要交纳保证金或争取授信的压力，中小企业可以在长达3～5年时间内分期支付设备款，对企业现金流改善大有弊处。其基本过程是融资租赁公司以承租企业背书的方式开具银票，由代理设备进口的公司开远期信用证支付给国外的厂家，在发货给承租企业后交单索汇。代理进口公司负责交付船单报关、货代、船代业务，承租企业收到设备后按时分期向融资租赁公司支付租金。

2.出口设备跨境融资租赁

跨境融资租赁有利于我国中小企业加大出口规模，实现走出去的更大发展。这种融资租赁模式解决了原来中小企业不接受远期信用证或保函的结算、能够及时回款的问题，为企业提供了交单前的资金，另外还可以引进做供应链金融的专业商业保理公司来缓解资金压力。此外，这种模式可以让中小企业把货物出售给设在保税区的公司，出口实现退税，增加中小企业的收益。

（七）融资租赁模式其他的创新

一些融资租赁公司针对中小企业的融资特点，创新成灵活多样的业务模式，比如"融资租赁＋经营租赁＋股权投资＋保理"的综合服务形式，对于基础设施建设项目就非常适用，既可以通过经营性租赁完成工程机械设备的使用，也可以通过出让部分股权进行融资，节省总的资金占有，降低总的人员成本及管理费用，最后还可以通过保理的形式及时收到款项减少应收账款。

三、我国融资租赁业存在的问题

从当前我国市场经济发展的特点来看，各行业的风险均处在逐步暴露的阶段，对于融资租赁行业来说，由于仍然存在着许多制约因素，影响其缓解我国中小企业融资作用的发挥。

（一）行业监管分散

由于历史形成的原因，我国的融资租赁由不同的部门实施监管，融资租赁公司属于商务部审批和监管，内资和中外合资的融资租赁公司属于市场建设司监管，而外资的融资租赁公司属于外资司监管，各地的金融租赁公司则由中国银保监会负责管理，接受一般金融机构的监管标准。这样虽然公司做的业务形式基本相同，但各公司的成立资格标准不一致，监管执行的规章也不同，监管的约束度也不同，致使各类融资租赁、金融租赁公司对于解决各类中小企业融资带来不小的困难，也影响到中小企业开展融资租赁业务的积极性。

（二）中小企业的租赁意识达不到

中小企业大多看重资产的增加，对设备所有权比较重视，以做大企业资产为目标。只是在需要融资时才考虑到融资租赁，同时也容易忽略融资租赁对产品的促销和资产管理方面的功能。制造业企业参与融资租赁是一项长期稳定、互惠互利的合作模式。然而，我国制造业中小企业没能意识到利用融资租赁的功能扩大销售和改善财务状况、提高资金利用效率的优势。国外产业资本型和混合资本型的融资租赁公司能够发展快、增长快的原因大多是与制造企业和融资租赁的密切合资合作有关系。

（三）法律法规不系统，行业壁垒较高

我国在融资租赁行业方面的法律主要是分布在《公司法》《合同法》当中，

法规文件在海关、税务、商务等各管理部门出台也不少，近20年来涉及融资租赁的通知、办法等规范性文件近400份，但目前还没有一项基本法形成统一监管的法律框架，《融资租赁法（草案）》征求意见稿已经到了第四版，正式出台还未确定时间。这使得各项法律法规没有纲领性的法律支撑，也缺乏系统性，加之行业法规之间缺乏配套和协调，使融资租赁的监管难免出现真空地带。另外，由于业务性质界定还存在一定争议，行政监管提高了行业入门门槛，对注册资金实力要求较高，致使国外资金较雄厚的融资租赁公司在我国取得了目前的优势地位。

（四）政策支持有限

政府对融资租赁业务能够缓解我国中小企业融资难的优势认识不足，目前在企业税收、信贷、保险等方面没有给予特别的政策支持。同时融资租赁公司的资金来源渠道也比较单一，主要是银行的短期贷款，面临着期限错配的流动性风险。保险制度、行业自律也不完善，这样的氛围也影响了中小企业开展融资租赁业务的积极性。

第六章 非正规金融与中小企业融资的研究

第一节 非正规金融的定义及作用

从经济体监管法律的角度来讲，金融活动可分为正规金融和非正规金融。正规金融一般是指在体制内受国家制定的金融法律法规保护，金融机构也是国家成立或由国家规范监管的，金融行为也是有组织的，市场由国家规范管理的资金融通。非正规金融指的是在国家金融法律法规监管之外的，参与主体分散的，其行为是无组织的，市场也是不规范地从事与资金融通有关的活动。大致包括一般民间的，非金融企业之间或企业与居民之间的各种资金借贷行为，也包括一些正规的金融机构的违规行为。这些非正规金融与正规金融相伴而生，作为一种客观存在，在历史和现在依旧活跃在所有的国家经济体中，无论其经济发达与否，很值得我们研究。

一、非正规金融与直接融资

非正规金融作为一种融资方式来讲，也可分为直接融资和间接融资两种。直接融资没有中介机构，实际用款人与最初的放款人直接交易，没有组织性，多分散，无连续，小规模。主要原因是：此类活动不受国家的金融法律法规保护,而且只是在某特定的区域内发生,同时信息对资金提供者来说非常不充分,其运营的资金量是小规模的,资金的需求者多是自主创业早期的小业主,经营也不具有规模。

天使融资早期大部分自然人的投资是属于非正规直接融资的方式。虽然现代金融理论认为金融中介为信息的处理产生了规模效应降低了成本,但初创的中小企业信息极度缺乏,高违约率和高倒闭率的风险使金融机构和正规市场不能为其提供服务。恰恰是天使融资的非正规性适宜地解决了企业早期的信息不对称问题。随着互联网迅速发展,利用互联网做的天使融资广泛兴起,其中的股权众筹就集中体现了这种思路。

二、非正规金融与间接融资

由于分散的、小额的、无组织的融资市场存在着低效率的缺点,存在着资本需求相对较大的情况,这些企业不能从正规金融机构和市场中取得资金。资本的逐利性必然会追逐这部分利润,促使一些民间服务机构应运而生,为投融资双方提供服务,形成了有中介的间接融资市场。这其中金融中介的作用是核心,形式多样,这些机构大多参照正规商业银行的模式,一方面以投资或储蓄的方式吸收居民的闲散资金,并对偿还资金直接负责;另一方面直接向企业或个人发放贷款,收取利息差作为收益。这种沟通最终用款者和最初借款人的中介,实际上扮演了金融中介的角色,具有提高资金融通效率的作用。

三、我国非正规金融的根源

无论是在发展中国家还是发达国家,非正规金融都是客观存在的,发挥着为企业和创业者融资的作用,是对正规金融的有效补充,尤其是在企业发展的早期。因为在这个时期,企业根本满足不了正规金融的要求,得不到正规金融的服务。从发达市场经济国家的经验来看，同样存在着非正规金融助力各行业中小企业发展的现象。在投资者工作或生活附近区域内非正规投资对所投的企业也能发挥积极的促进作用，为企业生产、营销、管理等各方面提供帮助，缓解中小企业发展初期人员和管理经验的不足。

从经济学和实践中可以看出，非正规金融是一种现实的需求，不仅是对正规金融的补充，我国非正规金融的产生和发展更是具有其特定的历史必然性。改革开放为广大民营中小企业提供了快速发展的机会，实现了其对经济增长和经济结构调整作出的贡献。民营企业发展的初始没有得到正规金融的支持，对资金的需求大多来自非正规金融市场。可以客观地说，是非正规金融扶植着我国的民营企业实现了从小到大、从弱到强，同时也激发和促进了我国金融体系的发展与完善。发达市场经济国家对非正规金融的态度多是保护和支持的，而在我国历来做得更多的是排挤和限制。非正规金融产生的根源是中小企业等部分长尾客户的客观存在及需求，再追溯则还是银行给中小企业贷款时存在的信息不对称和实行的信贷配给。在银行整合和信贷规模收缩时中小企业融资的难度更大，中小企业具有强烈的动机去寻找满足其融资需求的非正规金融。

（一）利率管制与信贷配给

我国改革开放的过程中对金融的政策一直是采取抑制的政策，在控制的方式上表现为，把银行系统设置成总分行体系，减少了政策控制和分配金融资源的成本。在执行控制的手段上，直接采用了利率管制下的信贷配给制度。恰恰是这种控制方式为非正规金融市场的产生和发展提供了基础的供需条件。在信贷供给方面，由于实行利率管制，储蓄者在正规的银行存款不能反映其真实的利息偏好，因此这些存款者有主动到非正规金融市场寻求更高的利率的动机，成为非正规金融市场的资金来源。在信贷需求方面，由于实行利率管制，贷款的利率不能真正反映市场上对资金的需求和稀缺程度，需求极大但得不到贷款，企业产生到非正规金融市场上寻找资金的强烈动机，图6-1正是反映了在利率管制下信贷配给时的正规金融以外资本市场的需求。

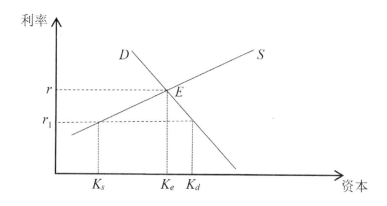

图6-1　利率和信贷配给与非正规资本市场

上图中，S表示资本的供给，D表示对资本的需求，如果是自由利率，则供给与需求在r处相交，达成均衡，此时的均衡的资本量为K_e。现实中政府人为地管制降低信贷利率用利率r_1来执行，此时资本的供给量为K_s，资本的需求量为K_d，形成了资本的需求K_d明显大于供给K_s。这时只能通过信贷配给来定向地分配供给不足的资本。

如前所述，利率管制和信贷配给恰恰造成了供需的不平衡，根据均衡分析，一部分企业的需求得不到满足时也无法实现其最优的投资规模和产能及利润，作为以追求最大化利润为目标的企业肯定会拓宽渠道想尽办法去寻找非正规金融来补充需求，这些都为非正规金融资本的需求提供了制度基础。

（二）所有制歧视的存在

在我国，相当长时期内存在着储蓄大于投资的状况，非正规金融依然存在的原因主要是政府为了发展经济习惯了计划经济下的垄断思维，对正规金融资源的控制始终处在强制分配的状态，政府分配这些金融资源时又没有意识到中小企业的作用，意识中对国有背景的企业存在着过多的保护和倾向，这种所有制上的偏见导致金融资源在信贷配给时过多地分配给了国有背景的企业和国家的重点项目，而在市场中自我发展起来的民营背景的中小企业很难得到正规金融资源。这也是在之前分析我国中小企业融资现状中论证过的现象。因此寻找非正规金融的支持是中小企业不得不走的融资之路。

第二节　非正规金融的效率分析

一、非正规金融的贡献

非正规金融市场的存在使那些不能通过内源性融资，也不能通过银行贷款等国家正规金融得到支持的企业和项目得以实施，从而直接促进了资本的形成和经济增长。作为天然的满足资本需求的一种机制，非正规金融不仅是对政府管制的一种反应表现，更在经济活动中发挥相当重要的作用。有数据表明，我国改革开放以来靠投资拉动的经济快速增长，其中固定资产投资中占比50%以上是企业自筹资金，是除银行贷款外的重要融资来源。这里面有非正规金融所作的贡献是毋庸置疑的。另外，从当前中小企业在我国经济中的贡献可以推断，我国改革开放以来的经济增长在很大程度上是来自非正规金融的贡献。

二、非正规金融活动中的效率分析

非正规金融的非正规性使其不仅面临着借款人的巨大信用风险，同时也面临着违规被政府处罚的风险，因此只能提高利率对以上风险进行补偿并获取收益。非正规金融活动一般分为民间的分散且无组织的活动和银行等金融机构的违规贷款。本书已经在前一章把银行贷款纳入中小企业债务性融资的渠道，为此不在此处非正规金融的研究范围。本书只对分散的、无组织的非正规金融市场作研究，解释其利率的形成机理。

从非正规金融资金的流转及作用方式入手可建立如下公式：

$$Z^e_n=(1-p)(1-q)A(1+r_n)-p\alpha A-q\beta A \tag{6-1}$$

式中：r_n表示非正规金融的合约利率；p表示可能被发现并遭受处罚的概率，p≥0；q表示非正规金融活动的违约概率，q≥0；α表示遭受处罚的力度，为贷出总量的一个百分比；β表示借款违约而遭受的损失，为贷出总量的一个百分比；Z^e_n则表示贷出方下一期的预期资本总量。

再设正规金融活动的利率为r，若通过正规金融活动，贷出方的下一期的预期资本总量为：

$$Z^e=A（1+r） \tag{6-2}$$

在均衡中，正规与非正规金融活动实现后两种方式的预测资本总量应该相等：

$$Z^e_n=Z^e$$

$$(1-p)(1-q)A(1+r_n)-p\alpha A-q\beta A=A（1+r） \tag{6-3}$$

所以，分散且无组织的非正规金融活动的利率为：

$$r_n=p(\alpha+1)+q(\beta+1)-pq+r/(1-p)(1-q) \tag{6-4}$$

通过上式表明，非正规金融活动形成的利率其自变量分别为遭受处罚的概率及处罚程度，借贷违约概率及违约后的损失程度，及正规金融的利率。且：

$$\begin{cases} \dfrac{\partial r_n}{\partial r}=\dfrac{1}{(1-p)(1-q)}>0 \\[3mm] \dfrac{\partial r_n}{\partial \alpha}=\dfrac{p}{(1-p)(1-q)}>0 \\[3mm] \dfrac{\partial r_n}{\partial \beta}=\dfrac{q}{(1-p)(1-q)}>0 \\[3mm] \dfrac{\partial r_n}{\partial p}=\dfrac{1-pq+q(\beta+1)+r}{(1-p)^2(1-q)}>0 \\[3mm] \dfrac{\partial r_n}{\partial q}=\dfrac{1-pq+q(\alpha+1)+r}{(1-q)^2(1-p)}>0 \end{cases}$$

求偏导得出不等式，由此可以看出：非正规金融活动的利率，随着遭受处罚的概率、处罚的力度、违约的概率和违约损失的程度及正规金融的利率上升而上升。非正规金融的利率因其分散性而呈现差异性，这取决于借贷双方谈判的能力和借款者的风险程度，目前我国民间借贷的利率大多高于24%，这也是目前受法律保护的最高利率。

非正规金融的存在必须区别于正规金融对中小企业要求的条件，才能有差异化的市场，于是非正规金融适应中小企业融资要求的时间紧、灵活性强的特点形成了条件低、方便快捷的模式，逐渐成为中小企业重要的融资渠道。据有关资料显示，我国大约有40%以上比例的中小企业寻求过民间融资的支持，说明民间金融与中小企业相伴相生的现象是极其普遍的。但是这种过高的利率对配置资源的影响有两方面：一是逆向选择效应，也就是偏好高风险的借款者更多地可以接受高利率，而较低风险偏好低违约率的借款人将不会采用。二是激励效应，也就是高利率下，借款者更倾向于投资更高风险的项目以期获得更高利益的回报。这两种影响也说明这种高利率会降低非正规金融活动的效率。

从某种程度上讲，非正规金融由于受政府干扰较少，其利率水平会更接近于真实地反映资本的稀缺程度及边际效率。但由于没有二级市场，这种资本的流动性大大受限，也会抑制投资者的积极性，从而使资本的供给也不能达到最优。非正规金融的过高利率，要求借款者要有更高的收益率来覆盖这种成本才能获得平均利润，我国经济发展现阶段处于供过于求的市场环境下，大量的非国有企业的投资利润率越来越低，非正规金融过高的利率同样会抑制中小企业的发展和规模的增长。这也表现为我国近几年民间投资大量萎缩、断崖式下跌的状况。这也再次说明，在国有企业经营效益不高的情况下，仍然享受大量配置的金融资源，而对适应中小企业迫切需求的民间金融扣上"非法金融"的帽子，可能会阻碍整个国民经济的增长，因此为了防止通货紧缩和刺激投资需求，我们需要对融资制度进行调整，不要因为我们体制机制的缺陷、管理水平的不足而做出违背经济规律的事情。

其实从我国40多年改革开放的进程中看出，我国金融体系中的许多市场、机构和工具大都是从出现时的非正规发展到正规的，由最初的创新方式到后来被认可和纳入规范化管理。例如：股票市场的产生和来源也是在20世纪80年代上海新创办的集体企业融资后（多为民间借贷和职工集资），要求转让的需求，是将一些非正规的转让行为一步步规范化而来的。时至今日，股票市场已经成为我国市场经济金融体系中重要的组成部分。此例告诉我们，对待非正规金融活动要多采取宽容和支持的态度，给予充分的成长时间，同时政府要加强研究和实施有效的措施，防范风险，减少其消极作用，使非正规金融逐步走向正规，充分发挥配置资源的效用。

第三节 互联网金融对中小企业融资效率的分析

互联网金融伴随着互联网应用的普及发展成为非正规金融的一种重要方式，具有明显的时代特征和影响力，互联网金融借助互联网、大数据、云计算等技术优势为客户提供了更加方便、快捷的服务。对此作研究将会对中小企业融资产生重要意义。

互联网金融大致可分为两个种类：一类是现有传统金融业务的互联网化，比如网上银行、证券交易等；另一类则是以互联网为支撑形成的新生金融，大多是非正规金融的互联网化，如股权众筹、P2P、第三方支付等。在本书的研究中，主要从中小企业融资环境的角度，本着拓宽中小企业融资渠道的原则，对互联网金融的研究以第二类为主。

一、互联网金融平台主要模式

互联网金融平台是通过互联网将供需双方联结而进行交易的金融平台。线下的借款者借助网上搭建的平台来发布自己的融资需求，按规定公布自己和项目的相关信息，投资者通过审查确定投资项目，通过该网络平台来落实所投资金的托管和收益提取等事项。鉴于市场上存在大量的非正规金融供需双方，以致互联网金融形成的平台借贷模式由于其融资成本低、灵活方便快捷的方式对中小企业产生了很强的吸引力。我国中小企业自身具有融资金额小、融资期限短、融资频率高的特点，对于他们来说，传统金融由于各种核算不经济，而互联网金融却迎合了这种需求，与正规金融形成了差异化的供给。当前我国的互联网金融有小额信用贷款、股权众筹、P2P借贷、第三方支付等多种模式，其中对中小企业提供直接融资服务的主要有如下几种：

（一）小额信用贷款

小额信用贷款是中小企业借助在互联网电商企业建立的企业信用贷到资金支持自己的企业经营。这些电商平台通过中小企业以往在平台交易的历史数据，利用大数据分析评定企业信用，并为这些企业提供供货、销售、融资和结算这样的信用贷款服务。这些电商平台企业在资金方面也会选择银行等金融机构或小贷公司等准金融机构。目前我国网络小额信用贷款经营大致可分为"阿里模式"和"京东模式"两种："阿里模式"是电商企业自己成立小额贷款公司，为中小企业或会员企业直接发放信用贷款，这种模式目前成了网络小额信用贷款的主流，如"阿里小贷"；"京东模式"是京东这样的电商平台与银行等金融机构合作，由电商平台提供企业信息，由银行等金融机构完成贷款支付。网络小额信用贷款发展的规模和速度很快，反映了中小企业融资需求的强烈程度与网络小额信用贷款的适用性相匹配。其实无论是"阿里模式"还是"京东模式"，都是为了满足与平台业务有关的中小企业的融资需求，通过互联网和移动通信技术，对客户进行信息的收集整理和分析，形成了对中小企业积累的信用，有效地缓解了信息不对称，降低了中小企业的融资成本和风险，极大地提高了金融服务经济的效率。

（二）基于大数据的金融综合服务平台模式

这种模式对大数据、云计算的应用使互联网金融企业得到了非常丰富和结构化的数据，利用这些数据使这些综合服务平台为中小企业提供了更有针对性的融资服务。例如陆金所、众安保险等等。这些模式一方面开发创新了更多的金融产品，可根据大数据分析的结果使对市场的信息反馈更加准确，研发的产品更加贴近客户需求，能够优先抢占市场份额。另一方面，这种模式会大幅降低互联网金融企业本身的综合成本。在确定产品适应度和搜寻确定目标客户上会大大减少成本，为企业增收创效打开了空间。

（三）互联网理财模式

互联网理财是传统理财模式利用互联网的优势进入到线上而发展起来的。这种模式的操作就是在线上收集客户平常闲置的灵散的资金，给予每个理财者较低的门槛和存取灵活的条件，通过把聚少成多，加以安全的管理和控制，给予客户高于平常存款的回报率。因为互联网理财存在时间灵活、金额不限、随存随取的优势，获得了长足快速的发展。如余额宝、京东小金库、腾讯理财等等，其中余额宝背靠天弘基金，本质上是一款基金理财产品的线上销售，只是对公众没有门槛，资金转出转入即时到账，所获利息高于同期银行，所以受到了社会的认可。天弘基金是正规金融，可以把汇集的大量资金投资货币市场或其他领域以保证余额宝的收益安全稳定，而且收益几乎是银行活期存款利率的两倍。这些互联网理财模式相比较线下的传统模式可能会影响社会资金的流向。

（四）股权众筹模式

股权众筹是一种通过互联网汇集大众资金，以股权方式参与项目的设立和运营，以期从项目收益中获得股权回报的一种互联网金融融资方式。众筹平台利用互联网的广泛性来最大范围内展示需要资金支持的项目和释放股权的方案，对其内容、前景和回报进行说明。投资者也会通过众筹平台来获得这些信息并作出评估选择和投资决策。在平台上的众筹项目一般均设有时间或金额的目标，即使在预计的时间未达到预定的目标，众筹项目也要撤下，意味着众筹失败了，按要求将已经收到的投资返还，如果众筹成功了则按照项目展示时既定的时间和方式给股权投资者以收益。本章下一节将对此模式作详细论述。

（五）P2P网贷平台模式

P2P网络借贷平台可理解为是个人对个人通过平台进行借贷的一种互联网金融模式，其目的也是为提升个人的闲置资金的利用率，通过网贷平台搭建给个人资金需求者的融资服务的渠道。P2P在我国兴起之初均是线下运营，后借助互联网技术转到了线上，形成了P2P网贷平台。严格意义上的P2P网贷平台只提供资金供需者之间的中介服务，既没有权利融资也没有需求投资，只是汇集了需要融资的个人或者企业的信息予以发布，投资者根据自己的资金状况和对信息的研究判断自主决策自己的借贷行为。但在我国现实P2P网络贷款平台经营中，平台除了收取一定的佣金，还产生了一些违法违规的行为，这与监管的事前、事中和事后的不到位有密切关系。本书后续将对其进行详细论述。

（六）第三方支付平台模式

第三方支付平台本身也是中介性质的，通过直接给消费者提供服务，能够满足消费者远程购物的需求，在支付端与银行等金融机构建立直接联系，开展刷单、预付和支付业务，发挥了电子支付与结算的作用。也有些第三方支付平台与银行系统的合作更加密切和深入，开展了金融业务。按管理规定第三方支付平台在保护消费者权益和维护金融安全稳定方面有具体操作要求，购物消费者的资金会由第三方支付平台保管和储存到买卖双方确认交易达成或执行以后，才会被支付，这对防止商家的欺诈行为起到了约束作用，保证了诚信经营。

二、互联网金融对中小企业融资的机理分析

互联网金融以其及时性、灵活性、便捷性的特征相比传统金融机构和渠道更容易被中小企业融资所青睐，必将对我国中小企业融资产生巨大影响，同时也对我国金融体系改革产生了推动作用。现针对中小企业融资困境的根源分析互联网金融对中小企业融资的影响。

（一） 建立大数据风控，降低信息不对称

在传统的金融业务中，信息的不对称、不完整是客观存在的，这就使得中小企业始终处于弱势的地位。资金方和用款方借助互联网形成的开放性高、覆盖面广的平台，获得各自需要的资源。开放性从用款的中小企业角度来说，依靠互联网技术，可以在任何时间和任何空间与自己的目标资金方形成一对一的服务关系；从资金方的角度来说，可以依靠互联网来搜集用款方的信息和市场需求信息，一些机构的售后服务也能及时处理各方所提出的任何意见，使交流处在开放的状态，全天24小时可沟通。这对维护各方利益、提高服务质量和市场信誉是十分重要的。开放性使各方信息更加透明化，所有人随时可以了解和掌握信息现状及变化。

互联网金融平台可以利用大数据分析对投融资双方作出更为准确的分析和判断，降低了信息的不对称程度，对防控风险作出决策极为有利。例如电商平台通过日常的业务往来，掌握了与本平台有关的企业的各种信息，包括交易信息、物流运输信息等，而且形成一定的历史积累数据，然后通过计算机进行分析，可以系统真实地反映企业的经营状况，并以此信用评价为企业提供贷款或授信。在贷款后还能通过继续的数据跟踪反映出企业使用资金的情况，及时发现和防控风险，在贷前评价、贷后管理方面明显优于传统金融机构与企业的距离，对企业的信息及时地掌控，极大减少了正规金融的信息不对称问题。

（二）信用监督和激励机制强，降低违约率

大数据运用各个功能领域的应用场景，可以收集整理用户基本信息和历史交易的数据，同时对客户交互行为进行判断，另外还可以对客户进行心理测评和分析，综合评估企业的信用等级，为交易实施贷前风险评估和贷后的监管，能够形成闭环式监督。互联网金融平台还可以通过数据匹配合适的供需双方，提高融资效率，而且通过数据留痕和相关交易记录建立供需双方的信用监督机制，并及时发现风险萌芽，作出预警，有效地降低了违约风险。

（三）降低融资成本，提高融资效率

融资过程中供需双方对相互信息的搜寻、匹配、定价和交易都会形成成本，直接影响最终的收益，而互联网金融运用的大数据、云计算技术对信息的收集、筛选、处理和分析完全是由计算机执行，流程标准化，结果准确，资金成本不高，更能节约人力费用，足不出户就能完成交易。互联网金融重点进行线上操作，各种机构也减少了建设线下运营网点的租赁和管理费用。对于资金借贷双方来说，互联网金融的过程比正规传统的业务省时省力，无须等待，节省了大量的时间和资金成本，而且日均交易量大，用户的体验更好。

（四）模式多样化，丰富融资渠道

互联网金融系统实质上是由互联网系统和金融系统组成，这两部分不同的连接方式直接形成了各种运营模式的多样化。根据目前现状来说，互联网系统和正规金融系统连接的方式包括电子商务模式，如各银行的商务平台；还有互联网系统与非正规金融系统连接的电商平台等，如B2B、B2C模式，股权众筹P2P网贷等；还有互联网作为一种技术手段嵌入传统金融业务模式的连接方式，例如电子银行、电子证券等；还有大部分是由非正规金融向正规金融过渡形成的模式，如小额网贷、蚂蚁金服、京东白条等网络合作模式。互联网金融是由

互联网技术和金融共同推动的，具备活跃性、创新性，在融资模式方面不断地发展变化，其目的是用近乎量身打造和贴身服务的方式来满足不同中小企业的个性化融资需求。依靠计算机技术形成了互联网金融强大的数据处理能力，自动识别匹配双方供需，极大地丰富了中小企业的融资渠道。

（五）普及程度高，融资覆盖面广

自2013年始，互联网金融迅猛发展，用数字和规模冲击着传统金融的吸存模式，例如搞"双十一"活动，阿里巴巴公司和京东商城的日吸存金额以百亿元的增幅连年创新高。通过对比发现（见表6-1），互联网金融的要求条件、服务速度及范围具有极大的优势。虽然贷款利率高于银行贷款，但综合考虑时间成本和抵押担保的要求后，其成本还是最低的。互联网金融贷款的受众大多是中小企业，增加了其贷款的资金来源，加大了贷款受益的覆盖面。

表6-1　几种贷款模式的比较统计表

类型	电商贷款	银行贷款	小贷公司贷款	民间借贷
放款主体	互联网金融平台	商业银行	小额贷款公司	民间借贷人
要求条件	网店经营数据	抵押担保	抵押担保	抵押担保、信用
放款利率	14%～24%	6%～12%	18%～30%	24%
服务速度	最快1个工作日	7～30个工作日	7～20个工作日	不确定
地域	不限	银行分支机构所在地	小贷公司所在地	民间借贷所在地
成本	最低	较低	较高	最高

但是，互联网金融是金融领域在互联网时代的新兴发展，必然有其不健全不完善的地方，同时对国家的管理能力也提出了新的要求，表现为：一是金融风险的控制要高度重视。目前各种互联网金融模式与正规金融系统之间没有建立共享机制，在对正规金融系统造成的影响方面也不具备相应的风险控制机制，容易发生较大风险。二是监管能力水平需要加强。互联网金融在

我国起步晚但发展快，低门槛造成行业管理不规范，相关法律法规没能及时健全，监管依据和措施不到位。三是存在网络安全隐患。互联网金融的开放性与互联网一样，容易受到黑客攻击造成信息泄漏和资金被窃，使网络金融犯罪频发。四是信用违约成本低，信用管理不完善，容易诱发互联网平台诈骗、跑路等犯罪行为。

三、互联网金融对中小企业融资的影响分析

（一）网贷平台数量与中小企业数量相关分析

网贷平台的服务对象主要是中小企业，网贷平台的数量可以反映出中小企业融资需求的强烈程度和满足程度，可从两者的数量相关性证明互联网融资平台能够有助于解决中小企业融资问题，从而有利于中小企业的成立和发展。本书选取了网贷之家2016年互联网金融网贷平台正处于成长期的全国数据，同时对比了2016年全国中小企业年鉴中列举的中小企业的数量，呈现出较大的相关性，因为选用了比例数所以比较直观。表6-2分别对全国主要8个省市的中小企业数量占比和网贷平台数量占比进行了列举。

表6-2　2016年主要省市网贷平台数量与中小企业数量比较

地区	网贷平台数量占比	中小企业数量占比
广东	19.73%	10.80%
北京	16.05%	1.04%
浙江	11.54%	10.70%
上海	10.71%	4.50%
江苏	5.90%	12.50%
山东	5.05%	10.70%
湖北	3.92%	3.77%
四川	2.95%	3.62%
其他	24.15%	42.37%

用SPSS软件计算得出以上两个指标的相关系数为62.5%，说明网贷平台数量与中小企业数量高度正相关，解释为网贷平台数量的增加对中小企业数量的增加有正向促进作用。另外从上述数据中看出，北京、广东、浙江、上海共计网贷平台数量占比为58.03%，中小企业占比27.04%，说明互联网金融网贷平台在经济发达地区所占比例较大；北京的中小企业数量占比小，但互联网网贷平台占比相对高，原因其一是北京资金沉淀较多，互联网金融较为活跃，其二是北京的互联网平台做的是全国的业务。而江苏省中小企业占比高，网贷平台相对低，是因其其他民间融资较发达，支持了中小企业的发展，对互联网平台的需求不高。这与之前对中小企业融资现状的分析是相符的。因网贷融资的对象以中小企业为主，所以其数量质量的提升对减轻中小企业融资难度大有益处。

（二）互联网金融提升中小企业融资效率的博弈分析

对互联网金融提升中小企业融资效率的分析要参照传统的金融机构与中小企业的借贷行为相比较而进行博弈分析。假设条件为：①所有金融机构和中小企业都是"经济人"的。②中小企业从银行等金融机构贷款资金A，以此赚取收入R_1，综合融资费用C_1，贷款利息i；银行贷款收益R_2，成本C_2；若企业不偿还，金融机构追偿成本B_1，中小企业受惩罚B_2。

博弈分析如下：假设企业不申请贷款，银行与企业没有业务关系，各自收益均为0；若企业申请贷款，银行不贷，则银行的收益为0，企业形成成本C_1，支付函数为（0，$-C_1$）；若企业贷款成功，按约还款，银行等金融机构与企业的支付函数分别为（R_2-C_2，R_1-i-C_1）；企业不按约还款，银行若不追偿，企业得到R_1+A，金融机构就会损失C_2，金融机构追偿并成功，企业得到惩罚B_2，银行成本为B_1，支付函数为（$R_2-B_1-C_2$，$R_1-i-C_1-B_2$）；如追偿失败，支付函数分别为（$-（A+B_1）$，$A+R_1-C_1$）。这个博弈过程分为四个阶段，在第四阶段，企业不还款，金融机构去追偿，设追偿成功的概率为p，失败的概率则为（$1-p$），在企业不偿还时，金融机构的收益为$E=p（R_2-B_1-C_2）-（1-p）（A+B_1）$。在传统银行贷款模式下，追偿成本$B_1$较大，追偿成功的概率$p$较低，当$p$无穷小时即$p \to 0$时，$p(R_2-B_1-C_2)-(1-p)(A+B_1) \to -(A+B_1)<-A$，所以银行会在企业不还款时知道追偿的损失会更大，便选择不追偿。在第三阶段，鉴于$R_1-i-C_1<A+R_1-C_1$，完全理性的企业知道如果自己不还贷，金融机构也不会追究，所以会选择不还贷。在第二阶段，完全理性的金融机构知道企业会不还贷，追究成本更大而且也没用，所以会选择不放贷，以避免损失：$-(A+B_1)$。追溯到第一阶段，完全理性的中小企业知道银行等金融机构不会放贷，所以也就不去申请，双方没有交易。

而在互联网金融模式下，在其技术手段保障下，信息开放性高、不对称程度轻、效率高、成本低、违约率也低，企业若违约则会产生较高的违约成本M，若融资企业仍选择不还款，则支付函数为$(-(A+B)，A+R_1-C_1-M)$，由于在电商融资模式下，违约成本M较高，故$R_1-i-C_1>(A+R_1-C-M)$，企业会选择按时还款。金融机构也愿意贷出资金，其期望收益$E=p(R_2-C_2)+(1-p)(R_2-B_1-C_2)$也会实现。通过上述分析，互联网金融减轻了信息不对称程度，故金融机构等资金方认为贷款方中小企业按约还款的p值会比较高，C_2值也会小，作为资金方的预期收益也会比较高，贷出资金的意愿会强，这就对中小企业的融资效率产生了积极的作用。

四、互联网金融对中小企业融资效率的实证分析

（一）选取模糊综合评价法评判

模糊综合评价法具有在定性的基础上针对非确定性、多指标、无结构的难以量化的问题进行定量分析的优势，能够将一些简单的主观的定性评价通过数学思维转变为定量评价，其过程是将一些的非数字化的信息通过数字进行处理，能够形成系统的、较为清晰的结论，可以纠正和补充纯主观的经验判断，

形成较为科学合理的量化结果，并据此作出科学的决策。还可以避免一般评价模型的变量多、权重小、峰值过多、指标过多或主体过多等因素的影响。在研究分析中小企业各种代表融资模式中判断每种的效率，尤其是分析互联网金融的优势这种模糊综合评价法较为适用。

（二）模型原理

1.数学模型

应用模糊数学中的模糊变换原理，分别对单个因素和所有因素进行评判。

2.评价指标

在此主要评判的是互联网金融对中小企业的融资效率，将影响融资效率的各种影响因素（z_i）作为因素集（Z）：

$$Z = \{z_1, z_2, \cdots, z_n\} \tag{6-5}$$

3.分布指标权重

依据各影响因素的主观认定的重要程度给各种融资方式的融资效率的影响因素赋予相应的权数，形成权重集W为：

$$W = \{w_1, w_2, \cdots, w_n\} \tag{6-6}$$

4.确定结论

V是专家对中小企业选取不同融资渠道的各种影响因素重要程度的评判结果的集合，也称为备择集：

$$V = \{v_1, v_2, \cdots, v_n\} \tag{6-7}$$

5.单因素模糊评判

从因素集Z中的单个因素出发由专家进行评价，进而得出评价对象和各结论之间的隶属度。设评判对象为z_i时，同时r_{ij}表示第j个元素的隶属度，则可用如下模糊集合表示按第i个因素z_j进行评判的结果：

$$R_i = \frac{r_{i1}}{v_1} + \frac{r_{i2}}{v_2} + \cdots + \frac{r_{im}}{v_m} \tag{6-8}$$

式中：R_i 表示单因素评判集合，表示为：

$$R_i = \{r_{i1}, r_{i2}, \cdots, r_{im}\} \tag{6-9}$$

6.进行模糊综合评判

单因素模糊评判表示单个影响因素对于评判对象的影响，而对于某个对象的精准评价，则需要考虑各因素对于评价对象的影响，因此需要建立各因素的权重集，才能作出更合理准确的评判。因此，如果已知 W 和 R，则可以对权重集 W 和单因素评判矩阵 R 进行模糊变换来对评价对象作出综合评判：

$$B = WR \tag{6-10}$$

$$= (w_1, w_2, \cdots, w_i) \begin{bmatrix} r_{11} & r_{12} & r_{1m} \\ r_{21} & r_{22} & r_{2m} \\ \vdots & \vdots & \vdots \\ r_{n1} & r_{n2} & r_{nm} \end{bmatrix}$$

$$= (b_1, b_2, \cdots, b_m)$$

式中：B 为模糊综合评判集；$b_j (j = 1, 2, \cdots, m)$ 为模糊综合评判指标，其中

$$b_j = V_{i=1}^n (w_i \wedge r_{ij}) \tag{6-11}$$

7.评判指标考核

以 b_j 为权数，对各个备择 v_j 进行加权平均，即

$$v = \sum_{j=1}^m b_j v_j \div \sum_{j=1}^m b_j \tag{6-12}$$

则 v 即为模糊综合评判的结果。

（三）模型构建与指标选取

构建模型选取的是影响中小企业融资效率的因素作为指标，通过实证的方法对比各种融资方式，得出分析结果。基于前几章的分析，分别列举几种代表性的融资方式即内源性融资、金融机构贷款、股权融资、民间借贷与互联网金融融资进行比较分析。

1.建立评价指标项目

第一步确定影响因素集。根据中小企业融资需求和各种融资方式的特点，确定影响因素集（Z）为：融资成本，融资时间，融资获取率，融资规范性，融资风险。

2.确定各项指标的权重

根据上述各因素对中小企业融资效率的影响程度来确定每个影响因素的具体权重。在此选取层次分析法（AHP）。

（1）确定因素权重

①构建判断矩阵。用A表示目标，z_i、$z_j(I, j =1,2,\cdots,n)$表示因素。则z_{ij}表示因素z_i对因素z_j的相对重要程度数值。于是得出Z—A判断矩阵P。

$$P = \begin{bmatrix} z_{11} & z_{12} \cdots z_{1n} \\ z_{21} & z_{22} \cdots z_{2n} \\ \vdots & \vdots \quad\quad \vdots \\ z_{n1} & z_{n2} \cdots z_{nn} \end{bmatrix} \qquad （6-13）$$

②计算判断矩阵P，求出最大特征根λ_{max}对应的特征向量w，接着将w进行归一化处理，得出各个因素之间的权重分配：

$$w = P_W \lambda_{max} \qquad （6-14）$$

③进行一致性检验。判断权重分配的合理性。

④检验公式为：

$$CR = \frac{CI}{RI} \qquad （6-15）$$

其中，

$$CI = \frac{\lambda_{max} - n}{n - 1} \qquad （6-16）$$

CR为随机一致性比率；CI为一般一致性指标。RI为平均随机一致性指标，1到10阶RI值见表6-3。

表6-3　随机一致性指标表

n	1	2	3	4	5	6	7	8	9	10
RI	0	0	0.58	0.89	1.12	1.24	1.32	1.41	1.46	1.49

当随机一致性比率CR＜1.0或者最大特征根$\lambda_{max}=n$，一般一致性指标$CI=0$时，说明P具有满意的一致性。否则就要调整P矩阵中的元素使其具有满意的一致性。

（2）粒子群优化算法（PSO）

为减少专家打分的主观影响，可将专家打分矩阵使用粒子群优化算法进行修正。

（3）层次总排序检验

AHP的层次总排序与单排序的过程基本相同，根据层次单排序我们可以得出总排序：

$$CR = \frac{wi_1CI_1 + wi_2CI_2 + \cdots + wi_mCI_m}{wi_1RI_1 + wi_2RI_2 + \cdots + wi_mRI_m} \qquad （6\text{-}17）$$

若层次总排序CR＜0.1，则认为总排序一致性检验通过，否则需要对CR＞0.1的判断矩阵进行重新构造或者重新考虑模型。

（4）群决策结论

①直接均值法：用专家群决策的各权重结论值，直接作为所有权重值的平均值。如果各专家的影响因子不同，则用加权平均值。

② 群决策矩阵法：用修正后的矩阵对应相应位置得几何平均数，获得群决策矩阵，然后在此基础上计算出最终的群结论。

（5）结论

由AHP软件进行计算，得$\lambda_{max}=5.4656$，根据$CI = \dfrac{\lambda_{max} - n}{n-1}$，$CI=0.1164$，根据$RI$值，则$CR = \dfrac{CI}{RI}$，$CR=0.0939$＜0.1，通过了一致性检验，$P$具有满意的一致性。列出原始矩阵和修正后的矩阵（见表6-4）。

表6-4　原始矩阵

	融资成本	融资时间	融资获取率	融资规范性	融资风险
融资成本	1	2	3	5	5
融资时间	1/2	1	2	3	5
融资获取率	1/3	1/2	1	2	5
融资规范性	1/5	1/3	1/3	1	5
融资风险	1/5	1/5	1/5	1/5	1

修正后的矩阵见表6-5：

表6-5　修正后的矩阵

	融资成本	融资时间	融资获取率	融资规范性	融资风险	权重w_i
融资成本	1	2	3	5	5	0.4088
融资时间	1/2	1	2	3	5	0.2705
融资获取率	1/3	1/2	1	2	5	0.1992
融资规范性	1/5	1/3	1/3	1	5	0.0785
融资风险	1/5	1/5	1/5	1/5	1	0.0431

由上述层次分析法AHP计算所得，权重集W＝（0.4088，0.2705，0.1992，0.0785，0.0431）。

3.确定评判集（备择集）

将评判集确定为V＝｛高，低｝，表示采用融资方式进行融资对应的融资效率。"高"表示此种融资方式的效率高，即中小企业主很愿意接受此种融资方式；"低"则表示此种融资方式的效率低，即中小企业主对此种融资方式接受度低。

4.确定单因素评价矩阵

由模糊综合评价法评价软件对单因素指标统计矩阵进行归一化，计算单因素指标统计权重R，所得如下结论。

（1）测评内源性融资方式：综合分数83.641（见表6-6及6-7）。

表6-6　内源性融资方式综合得分

指标	高	低
融资成本	0.8	0.2
融资时间	0	1
融资获取率	1	0
融资规范性	0.3	0.7
融资风险	0	1

表6-7　内源性融资方式隶属度矩阵

结论	隶属度
高	0.577401
低	0.422599

（2）测评银行贷款方式：综合分数77.3281（见表6-8及6-9）。

表6-8　银行贷款方式综合得分

指标	高	低
融资成本	0.6	0.4
融资时间	0.6	0.4
融资获取率	0.2	0.8
融资规范性	0.8	0.2
融资风险	0.7	0.3

表6-9　银行贷款方式隶属度矩阵

结论	隶属度
高	0.450694
低	0.549306

（3）测评股权融资方式：综合分数71.7846（见表6-10及6-11）。

表6-10　股权融资方式综合得分

指标	高	低
融资成本	0.2	0.8
融资时间	0.4	0.6
融资获取率	0.3	0.7
融资规范性	0.3	0.7
融资风险	0	1

表6-11 股权融资方式隶属度矩阵

结论	隶属度
高	0.260366
低	0.730256

（4）测评民间借贷融资方式：综合分数83.1837（见表6-12及6-13）。

表6-12 民间借贷融资方式综合得分

指标	高	低
融资成本	0.3	0.7
融资时间	1	0
融资获取率	0.8	0.2
融资规范性	0.2	0.8
融资风险	0.8	0.2

表6-13 民间借贷融资方式隶属度矩阵

结论	隶属度
高	0.581403
低	0.418597

（5）测评互联网金融融资方式：综合分数85.978（见表6-14及6-15）。

表6-14 互联网金融融资方式综合得分

指标	高	低
融资成本	0.6	0.4
融资时间	0.8	0.2
融资获取率	0.6	0.4
融资规范性	0.6	0.4
融资风险	0.5	0.5

表6-15 互联网金融融资方式隶属度矩阵

结论	隶属度
高	0.647563
低	0.352437

5.综合评判结果

根据权重集W=（0.4088，0.2705，0.1992，0.0785，0.0431）体现权数作用；

综合程度强；利用R的信息充分；运用加权平均型，由$\boldsymbol{B}=\boldsymbol{WR}$，$v=\sum_{j=1}^{m}b_jv_j\div\sum_{j=1}^{m}b_j$，通过模糊综合评判法软件计算可得，模糊综合评判结果见表6-16：

表6-16　模糊综合评判结果汇总表

融资方式	高	低	分数
内源性融资	0.577401	0.422599	83.641
银行贷款	0.450694	0.549306	77.3281
股权融资	0.260366	0.730256	71.7846
民间借贷	0.581403	0.418597	83.1837
互联网融资	0.647563	0.352437	85.978

（四）实证结论

根据上述步骤得到中小企业各种融资方式的模糊综合评价结果，根据最大隶属度和模糊分布的原则对上述结果进行解释。从计算结果看，上述六种融资方式效率的隶属度排序为0.647563＞0.581403＞0.577401＞0.450694＞0.260366，即按融资效率的高低排序为互联网金融融资（得分85.978），民间借贷（得分83.1837），内源性融资（得分83.641），银行贷款（得分77.3281），股权融资（得分71.7846），其中互联网融资、民间借贷、内源性融资的效率是较高的，而银行贷款和股权融资的效率较低。可根据此实证结果得出互联网金融作为融资效率最高的方式应是中小企业融资方式的首选，民间借贷也因其效率高而对中小企业发展大有好处，其他融资方式可作为有效补充。

第四节　股权众筹对中小企业融资贡献的分析

一、我国股权众筹的发展现状及存在问题

股权众筹作为互联网金融的一种融资模式，是美国在2008年金融危机后为

振兴经济发展、帮助初创的中小企业解决融资问题出台的《创业企业融资法案》中提出的可利用互联网系统开展中小企业的初始资金募集的一种融资模式，产生后以极快的速度推向了全世界。在2012年，互联网股权众筹融资模式进入中国，至2015年发展迅猛，股权众筹平台上线数量和融资成功的项目大幅增加，融资金额也达43.74亿元。

（一）股权众筹在我国的发展现状

在我国，众筹从2012年开始出现，2014年增长迅速。在我国股权众筹领域，出现了大甲头（Dajiatou.com）和安琪尔（Angel）等几个流行且有影响力的平台。据众筹之家的不完全统计，截至2018年6月我国曾上线众筹平台共854家，平台数量经历了爆发又快速回落的态势。图6-2列出了具体情况：从2011年众筹平台上线3家开始至2013年众筹平台上线数量均处于30家以下的水平；到2014年迅猛增加，上线达169家；2015年至2016年更是每年近300家上线；2017年仅有70家上线，平台上线数量骤减；2018年仅为9家。上线的平台目前下线或转型的数量也大幅增长，到2018年6月，上线的854家平台中已有603家下线或转型。

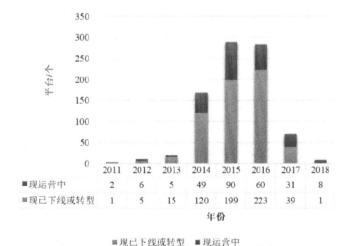

图6-2　我国股权众筹平台的状况

从众筹项目数量和筹资金额看，基本呈现逐渐走高、整体上升趋势，反映出众筹平台数量减少但质量提高，筹资效率逐步上升，市场逐渐规范。据统计，仅2018年上半年就有48935个众筹项目上线，筹集成功的项目为40274个，占比82.30%；行业整体数据向稳健和乐观方向发展，平台的发展质量和管理水平逐步提高。从图6-3中可以看出具体情况。

	2014年及之前	2015年全年	2016年上	2016年下	2017年上	2017年下	2018年上
成功项目数	4834	25000	23453	33854	31467	36432	40274
融资额（亿元）	12	90	87	133	110	148	137.11

图6-3 各年度众筹成功项目数及完成融资额

数据来源：众筹之家网站

与世界其他国家相比，我国股权众筹市场目前是世界最大规模的，2015年达到9.4826亿美元，超过美国的5.9805亿美元和英国的4.0545亿美元。自2018年起项目成功数量、融资额和投资人次均出现明显下滑。我国国内各地区之间也存在较大差异，仅就2018年上半年为例，北京有136个项目，广东省80个项目，两地平台的股权型众筹成功项目数合计占比85.38%。北京融资总额9.48亿元，占比72.97%。其次广东省2.49亿元，占比19.21%。其他依次为湖北、浙江、湖南、上海、福建，大多融资额不足亿元（如图6-4）。

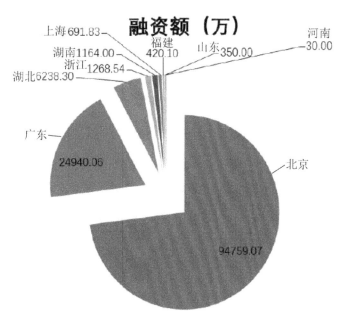

图6-4　截至2018年底众筹平台各省的分布及筹资额

数据来源：众筹之家网站

（二）股权众筹存在的问题

1.股权众筹中道德风险问题

股权众筹的道德风险可发生在项目方、平台方、领投人等多个主体，各类道德风险发生概率较大，有可能项目发布方编造不真实项目，平台资质不够而又不负责任缺乏控制，领投人先投后撤的虚假引诱行为。所有这些对投资者的保护都存在着制度缺陷。当然，投资者风险偏好和投资策略也会使真正的创新项目流产。道德风险问题多发使股权众筹这种模式为中小企业融资大打折扣。

2.股权众筹平台监管问题

股权众筹是近几年新生及发展迅速的事物，一些法律法规还没及时作出反应和实施，导致监管无法可依或监管不全的状况。另外，在监管执法中的裁量问题也同样存在着偏颇。此时，比较和借鉴其他国家的经验也是指导监管思路的一种方法，比如美国的监管策略，在排除意识形态上的认识以外，借鉴其可行的思路会在发挥股权众筹积极作用的同时防止其走偏。

3.股权众筹面对的法律问题

股权众筹从法律本质上来看是一种私募权益性融资，属于非正规金融。之前陈述，非正规金融是不受法律法规保护的，也不受金融监管部门直接监督管理。这就使股权众筹面临着是纳入正规金融接受法律监管还是量身制定监管措施保证其合理合法运营的问题。同时股权众筹运行中也会触及知识产权的问题，公开的项目信息及运作特色会被轻易地复制和剽窃，造成鱼龙混杂，侵权案件时有发生。

二、股权众筹对中小企业融资的积极作用

（一）有利于丰富和完善多层次资本市场体系

股权众筹这种互联网融资方式，作为一种筹集资本的组织形式是客观存在的，它能够吸收集中民间的、闲散的资金，形成投资初创的中小企业的资本，这也是对我国现阶段的多层次金字塔形的传统资本市场的充实完善，在一定程度上缓解了中小企业融资困境。中国人民银行金融研究所前所长姚余栋曾提到"股权众筹是资本市场的未来，将改变资本市场的结构"。他定义股权众筹的本质是其他正规股权交易市场的延伸，是我国多层次资本市场的重要组成部分。

（二）推广落实普惠金融

发展普惠金融是我国金融改革的重要内容，普惠金融的基本要义就是让那些原来得不到金融服务的自然人和企业有机会获得金融服务。股权众筹在推进普惠金融方面切实地发挥着一些作用。因为互联网股权众筹平台使各种需要筹

资的客户有渠道有机会向公众展示项目信息，能够及时更新和反馈，这有利于增强投资者对筹资方及项目的信任和信心。一方面，从这些需要融资的客户看，以需要扶持的创新型中小企业为主，通过股权众筹这种融资方式给予这些企业以资金支持，是非常符合我国金融改革发展普惠金融的思路和方向的。另一方面，从资金的供给方来看，股权众筹平台通过互联网让大众自由地筛选项目，并自主决策，这也非常符合号召大众参与、推进普惠金融的要求。在股权众筹模式下，参与投资者能够以股东的思路对项目给予支持，能更好地促进项目的发展，提高项目的成功率，最终使双方均获收益，这也符合普惠金融最终惠及大众的目的。

（三）支持大众创业万众创新

当前经济形势下，成立中小企业加入创业创新的队伍这种就业方式在很大程度上解决了部分就业问题。成立企业如缺乏启动资金，就可以通过股权众筹来解决。股权众筹平台为中小企业提供灵活、有效的募资方式而且门槛不高，成功率较高，因此可以激发大众创业创新的积极性。股权众筹是一种基于互联网金融创新的股权参与方式，投资的项目可以是拥有高科技含量或只是具有创新创意的项目，只要获得大众的认可即可，在创业创新方面具有引领作用，一些项目的成功募集并成功运营的现实更能够激发大众创业的潜力。为数不少的普通投资者作为股东，不会太急功近利，也不会因控股权力而对项目有太多的干预，这些有利于初创企业的成长与发展，而且股东们建言献策，监督管理，能够提高项目成功率，从而会激发更多的人创业创新。因此股权众筹作为一种科学合理的资本募集方式，对我国在当前经济形势下促进就业、鼓励创业、提振经济、激发活力都能发挥积极的作用。

第五节　P2P网络贷款对中小企业融资贡献的分析

一、我国P2P网贷发展现状及存在的问题

　　P2P网络贷款模式是指资金供需双方利用互联网平台达成的资金借贷交易。其过程大致为资金需求方在互联网上发布需要资金支持的项目及相关信息，资金供给方通过审核平台上的信息确定合作意向项目，按双方商定的资金额度、期限、利率等条件签约。P2P网络平台作为为双方提供机会的中介会收取一定的服务费用。P2P其实是由最初的纯线下运营模式发展为一种纯线上方式和线上线下相结合的方式。纯线上的方式是不经线下审核，所有与借贷相关的业务都在线上进行。另一种方式是线上申请线下审核，由线下的代理人入户调查，对借款者的信息和偿还能力进行确定。P2P网络借贷因其灵活便捷、回报率高等特点于2005年从英国产生后迅速进入世界其他国家。

　　目前看，我国的P2P网贷从2007年起大概经历了四个阶段：2007—2013年，网贷发展的起步期。2014—2015年是高速发展的阶段，因为几乎没有任何管制，P2P平台数量和规模双双猛增。2016—2017年，P2P开始受限制阶段。2016年开始，对资金托管、资产金额、支付方式提出了一些限制政策。2018年以后P2P平台问题全面爆发阶段，前几年野蛮发展产生的问题纷纷暴露了出来。这两年监管的主基调是合规，所对应的措施是备案。在以清理、整顿和取缔的思路指导下，随着2019年《关于做好网贷机构分类处置和风险防范工作的意见》（即"175号文"）下发，P2P行业出清和良性退出更加迅速。梳理显示，2019年已有山东省、湖南省、四川省、重庆市、河南省、河北省、云南省、甘肃省、山西省9省市宣布全面取缔P2P网贷业务。

到2019年8月，平台发展出现两极分化，既有头部平台上市的利好，也有平台资产端被查封的负面消息。同时，多家平台待收加速下降，发标量锐减，为行业成交量带来重大影响。根据网贷第三方平台数据，截至2019年8月底，P2P网贷行业平台由原来的6621家已经下降至707家。在平台数量不断减少的背景下，贷款余额不断下降。截至2019年8月底，全国P2P网贷行业贷款余额总量为6428.79亿元，同比下降幅度高达28.83%（如图6-5和图6-6）。网贷行业贷款余额已连续9个月下降，主要是因为头部平台为冲刺备案，应监管要求主动控制规模和175号文下发后监管持续推进行业出清。行业成交量、贷款余额等正在加速下降，并且出借人、借款人活跃度继续降低，随着行业出清加速，这一趋势会加速。

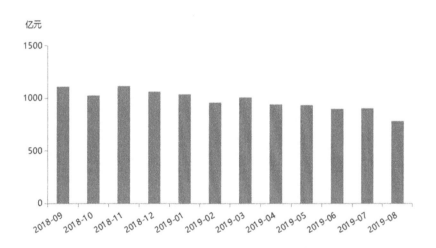

图6-5　P2P网贷业务的成交量

数据来源：网贷之家研究中心

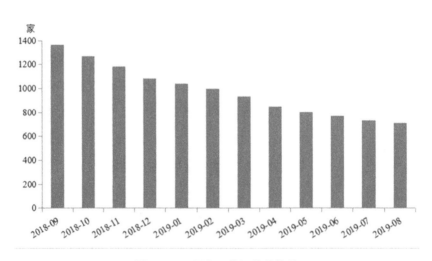

图6-6 P2P平台正常运营的数量

数据来源：网贷之家研究中心

2019年11月27日，一份关于P2P网贷机构转型为小贷公司的文件出台，即《关于网络借贷信息中介机构转型为小额贷款公司试点的指导意见》(简称"83号文")，其目的是为P2P网贷机构转型为小额贷款公司提供制度依据，并提出具体要求。这些均表明了当前行业监管持续加码，各地监管措施提速，出清速度加快的态势。P2P网贷依据其股东背景可分为银行系和非银行系，其中银行系P2P因其具有商业银行的背景，在运营及风险控制方面更有优势。但是，这种银行系的P2P因门槛高、收益不高、便捷性较差也会成为阻碍P2P发展的又一因素。总结当前我国P2P发展中存在的问题，可以归纳为以下几点：

（一）审核监管的问题

前文当中提到的"83号文"，对P2P网贷向小贷公司转型提出了要求，向正规的持证的金融牌照靠近，这也许是代表监管思路。在司法实践中，以《关于审理民间借贷案件适用法律若干问题的规定》作为处理与P2P相关的经济纠纷案件的指导性意见，这也是P2P监管问题的法律支撑。但从P2P平台的入门审核、借贷信息披露和第三方托管等问题上目前仍存在一些漏洞。不知现在执行的全面取缔P2P业务或让其转型为小额贷款公司又与现有的小贷公司有什么不同，对P2P的创新性和所具有的优势给予了否定，是疏导式监管还是取缔式监管直接决定着这种新型融资工具的命运。回避问题不能真正解决问题，客观的存在、现实的需求，要求出台具体的指导行业发展、保护和支持其规范发展的细则。

（二）信息与网络安全问题

我国目前没有对P2P网络平台的内控机制和责任追究出台过具体的可实施的制度规定，防范道德风险的措施和奖罚都无从寻找。环境的宽松造成了一些从业人员在内部发生道德风险，对信息的真实性不负责任，对项目信息进行编造、虚报或隐瞒、延迟来对投资者形成欺骗，以获取一些经济利益。这种信息的虚假往往使投资者遭受巨大损失，而平台方却得不到惩罚，这种现象导致平台道德风险一再发生，投资者因缺乏保护而丧失信心，对平台的可靠性和安全性产生怀疑。平台在信息披露方面有掩盖信息、隐瞒错报的行为，在资金托管方面，大部分自我保管，没有形成第三方的监督功能。一些平台跑路现象的多发严重地影响了我国P2P网络借贷行业的健康发展。同时，互联网金融的共性问题，即网络安全问题对于P2P网络平台的技术要求日益提高，受到黑客攻击的平台比率不断增加，这对参与平台的各方来说都是极不安全的。

（三）资金提现的问题

投资人账户提现的便捷性是P2P行业的特点，也是正常的交易程序。但是，目前而言，提现问题可能也是平台内部道德风险的一种表现，为了使投资者的资金更长时间地留在平台上，一些P2P平台会以系统升级或故障等问题来阻止或延缓投资者提现。这种现象较为普遍，反映了该平台管理的问题：在态度上，平台不愿意投资人提现或退出，采取内部控制或强势地位以各种理由来推诿延缓，是一种恶意欺诈；在平台管理能力上，由于有些平台专业水平不足导致风险控制机制不强，形成了呆坏账，已经造成损失而无法兑现投资人收益。

（四）担保机构问题

担保方本身作为P2P网贷平台的主要参与主体，同样承担着重要责任，但由于对P2P行业监管弱，其准入门槛极低，一些欺骗性的机构自始至终相伴随而生，为其担保的机构也成了配合其诈骗的角色。金融监管部门应对担保机构介入P2P业务的资质审核和业务监管制定相关的制度，对担保方的要求和担保责任及代偿机制给予界定和日常监督，使一些骗钱的平台非法占有资金或"借新还旧"的行为在担保方的监督下不敢轻易妄为或由担保方承担责任，从而保护投融资方双方的利益，确保P2P行业市场的健康有序。

二、P2P网贷对中小企业融资的贡献

我国P2P网贷自2007年产生以后，平台数量和业务规模迅猛增长，拍拍贷和宜信网贷还获得了外源性投资，陆金所的股东是全金融牌照的平安集团。从之前的分析可看出，到2013年P2P网贷平台"井喷式"发展，截至2019年8月底，P2P网贷行业累计成交为8.77万亿元，每次"双十一"活动单日年创新高，这一系列现实都反映了P2P网贷行业的产生和发展有其社会经济发展的基础。

P2P网络借贷虽然属非正规金融，但对大部分中小企业主来说，在一定程度上满足了其融资的需求，同时也迎合了大众投资理财的需求。通过互联网平台的渠道，融资方发布借款标的信息，不同收益追求和风险承受能力的投资人直接出借，这样成本低，见效快，投资人收益高，平台收取一定手续费。相较于传统金融审核的繁杂，一些网贷平台在申请后48小时之内就可以资金到账，而且通过网上进行分析和全天化服务，节约了很多人工成本。

在英美等国，政府对P2P持支持的立场，对解决被银行排除在外的企业和个人的融资问题有一定的帮助。在我国，大量的被银行等正规金融机构排斥在

外的中小企业及个人比例要比英美高出很多，P2P网贷是其获得资金的一种可行的融资方式。但自2007年诞生到现在虽然经历了快速发展和规模的扩张，这个在我国的发展空间应远远大于美国的普惠金融方式却因众多P2P网贷平台"爆雷"而不得不面对绝迹的境地，其背后的原因和需要解决的问题需要我们认真思考并提出科学的对策。

第六节　数字金融对中小企业融资贡献的分析

近年来，信息技术高速发展并与金融业全面融合，以互联网、大数据、云计算、人工智能为代表的数字科技不断向金融领域渗透，数字金融应运而生。通过几年的发展，我国的数字金融已经展示出引领全球的趋势，诸如蚂蚁金服、京东金融、陆金所、众安保险、第三方支付、网络借贷等发展水平在全球处于领先地位。数字金融能够通过大数据分析，使中小企业的各方面信息透明化，缓解了信息不对称问题，从而减少了中小企业融资的障碍，同时也降低了成本。在此过程中，传统银行业"二八定律"被数字金融的普惠性特征和"长尾效应"打破，金融服务对中小企业的触达能力迅速提升（Ozili，2018）。

一、数字金融对中小企业融资的作用机理

（一）拓宽了中小企业融资渠道

数字技术突出的特点就是应用在对信息素的加工和处理方面，这对于金融领域对风险的评估和控制是极其有效的。尤其是对中小企业这类信息不透明、不对称的客户来说，数字技术的应用使借贷风险得到控制，从而减轻了信息不对称的程度，企业的信用基础得以改善，促进了信贷对中小企业的认可和融资

的可得性。

从直接效应看，以数字金融平台如支付宝、京东金融众筹等为代表提供的网络借贷服务，直接拓展了中小企业获得外源性融资的渠道。这类平台让资金供求双方在不同的地域空间内进行在线匹配，相比于传统金融模式，其较低的金融服务门槛大大提升了中小企业信贷可得性（Li et al.，2020）。万佳彧等（2020）的研究显示，数字金融增加了中小企业融资的资金来源和融资数量，对企业具有明显的激励效应。

从间接效应看，数字金融的出现成了银行等金融机构的竞争对象，影响了竞争格局，所以能够间接影响信贷资源的配给。同时对银行传统经营业务和交易数据垄断行为造成巨大冲击，尤其是其特有的普惠性质和"长尾效应"逐渐夺走了商业银行的零散客户（封思贤、郭仁静，2019），倒逼银行也要加快金融科技的应用，并进行业务模式的创新，才能完成普惠金融小微金融的任务。因为大型国有商业银行具有国有背景，必须背负普惠金融的责任和义务。

（二）降低了中小企业融资成本

信息不对称问题导致中小企业融资成本过高，不论是重要信息不对称造成的显性成本还是搜寻、议价、合同、监督等隐性成本，相加起来，使中小企业即使得到资金，成本也十分高昂，给后续的生产经营等带来巨大的压力。一些银行等金融机构对为中小企业在要求提供"硬抵押品"的基础上，以上浮贷款利率的形式来覆盖可能出现的银行坏账风险，上浮比例有的高达50%。而数字金融以大数据分析为手段，对中小企业在互联网平台积累和沉淀的经营记录、交易行为来分析评估中小企业信用（Duarte et al.，2012）。中小企业只需借助网络交易流水、信用记录便能为贷款作信用背书。这种基于数字技术的风险评估模式大大降低了中小企业的综合融资成本。

二、数字金融对中小企业融资的差异性分析

数字金融对不同特征的中小企业在缓解融资难效应方面存在着差异性，主要表现在公司规模、所有制性质、区域金融生态环境几个方面。

1.企业规模差异性

数字金融的缓解效应的边际贡献，对规模较小公司要大于规模较大公司。企业向银行等传统金融申请贷款，首先要提交企业基本资料、财务报表、审计报告等，每年的审计费用对中小企业来说是一笔不小的开支，因此，规模小的企业成本要大很多。同时为防止产生不良，银行也会向规模较小的企业提出相对较高的利率，并通过发放一部分汇票，来变相提高中小企业的成本。因此不难看出，数字金融省去了传统信贷的复杂流程，只要能够充分利用大数据、互联网的优势，在降低企业融资成本方面对规模较小企业的价值和贡献更大，产生更强的缓解融资难的边际效用。

2.企业所有权差异性

本书前文讲过融资难问题在企业的所有权方面表现出差异性，同样数字金融缓解中小企业融资难对民营企业来说效用更大。因为数字金融所依据的是数字的真实、准确，而且区块链技术的存在使数字具有同步性、不可更改性的特点，在此背景下，企业所有权的差异所造成的歧视将不再存在，民营企业的融资将与国有企业一视同仁，这也提高和优化了资源配置，营造出信贷平等的金融生态环境。随着数字金融的发展，其对准入客户的标准也逐渐降低，因不存在金融服务的所有制歧视问题，让中小民营企业突破所有权束缚，享受到普惠金融的实惠。因此，数字金融改变了中小企业融资的外部，民营企业的融资约束缓解效应要大于国有企业。

3.区域金融生态环境的差异性

本书之前在分析中小企业融资困境时，指出区域差异明显，经济金融因素影响大。从这个角度上讲，数字金融的发展对那些金融业欠发达地区中小企业

产生了更强的融资效用。我国宏观经济发展过程中的不平衡、不充分问题在金融资源配置方面表现出差异性，传统金融服务的线下机构网点的设立因综合成本高，所以在核算成本收益时，会选择在经济发达的地域锦上添花，造成对欠发达地区配置不足，使经济金融不发达区域的中小企业融资难上加难。而数字金融则通过互联网、云计算、人工智能等技术降低了线下布局的成本，通过电脑、手机等客户终端就可以享受互联网金融服务（北京大学数字金融研究中心课题组，2016）。借助于数字金融覆盖的广度和深度，突破了区域和时空的限制，有力地推动了金融资源向欠发达地区进驻，对区域内的中小企业融资产生了积极的缓解效用。

在当前国际形势纷繁复杂，新冠肺炎疫情对国际国内经济影响巨大，我国经济处在转型的关键时期，对后疫情时期实体经济复苏给予重点的金融扶持，为中小企业复产复工创造条件，以充分发挥其在国民经济中的重要作用是十分必要的。首先，数字经济时代已经来临，数字金融是推进普惠金融的创新实践，对于缓解中小企业尤其是民营企业和经济金融欠发达地区的企业的融资是有极大效用的，有利于提高经济复苏的强度和韧性，对中小企业在稳定就业、开拓创新、健康发展方面作用巨大。其次，加强数字经济基础设施建设，尤其是金融的基础设施建设，政府要积极制定各项扶持政策并利用财政工具对网络升级、人工智能、数据中心"新基建"进行全力支持，为其大力发展提供保障。再次，提高监管设计能力和监督水平，明确对数字金融发展边界的界定，通过常态化管理预防系统性金融风险。

第七章　供应链金融与中小企业融资

第一节　供应链金融及主体构成

一、供应链金融的概念

对于供应链金融，从广义上说，是这样的一种金融活动，它存在于物流企业、各产业链中的上下游企业和金融机构之间，通过物流、资金流、信息流形成的信用基础，为整条供应链上各个主体的正常运转而进行资金支持。从狭义上说，供应链金融就是在一条供应链中，以居于核心地位的大企业的信用为基础，通过金融机构的认可和各相关方的参与，为链条中的中小企业提供金融服务。供应链金融模式使链内的中小企业获得了信用增值，这部分增加的信用来自供应链业务和链条中居于核心地位的大企业，总体上有效地降低了原有的信息不对称，解决了传统的信贷配给、所有制歧视、缺乏抵押担保等融资难问题。

二、供应链金融生态环境的主体构成

供应链金融离不开供应链中各个参与主体所构成的业务生态圈，并以此为基础形成了供应链金融的生态圈，这个圈涉及整个供应链条内外的各个主体，

可见图7-1列示的构架：

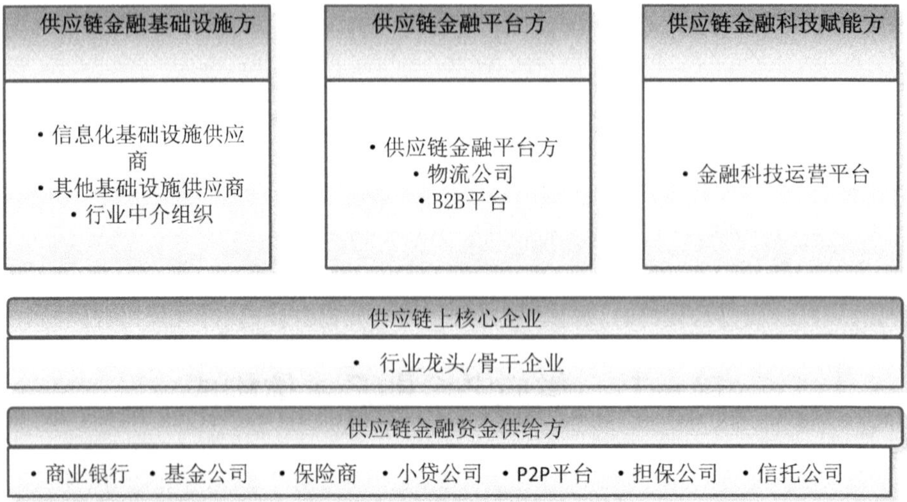

供应链金融基础设施方	供应链金融平台方	供应链金融科技赋能方
·信息化基础设施供应商 ·其他基础设施供应商 ·行业中介组织	·供应链金融平台方 ·物流公司 ·B2B平台	·金融科技运营平台

供应链上核心企业
·行业龙头/骨干企业

供应链金融资金供给方
·商业银行 ·基金公司 ·保险商 ·小贷公司 ·P2P平台 ·担保公司 ·信托公司

图7-1　供应链金融生态圈示意图

1.资金需求方

资金需求方为供应链内的中小企业，因其信用低，做业务需要资金支持。

2.核心企业

核心企业多是大型企业，因其市场占有率或规模较大，较为强势，常对上游企业提出延长支付账期，对下游企业要求现金支付全款，减少自有资金占用，有的还把节约出来的资金作为供应链中的资金方再赚取利润。

3.资金供给方

资金供给方负责提供资金或金融服务，目前有商业银行、基金公司等金融机构，也有保理公司、担保公司等，还有小额贷款公司、P2P平台等。有些金融机构也依靠自身的风险管控能力自建供应链交易平台。

4.平台方

平台方是一些具备较强的资源整合能力和风险管控能力，能为供应链金融的供需双方无论是业务还是金融提供服务的机构，主要包括供应链管理公司、物流公司与B2B电商平台等。

5.赋能方

赋能方运用大数据、云计算和区块链等技术手段为供应链金融提供风险控制系统构建和管理的服务机构。

6.基础设施提供方

基础设施提供方主要是一些为供应链金融交易平台提供基础设施建设和保障，进行日常维护工作的机构。包括一些中介组织和计算机信息化硬软件供应方。

三、我国供应链金融发展历程

我国自改革开放以来，民营中小企业在解决自身短期资金流动性问题时主要依靠短期借款与银行票据贴现。随着企业和业务的发展，供应链金融应运而生，以居于供应链核心地位的大企业为主体，针对在业务中上下游中小企业形成的应收账款、库存货物与预付款项等三类资产，商业银行出面为中小企业提供融资方案和服务。2005年，深圳发展银行根据多年的业务经验提出了供应链金融的概念，同年，工商银行也在分行层面推出了供应链金融服务。此后，各大银行间纷纷开展供应链金融业务，一些股份制银行也纷纷打造了各自的供应链品牌。目前供应链金融已经过多年的发展，日趋成熟和完善，逐步实现了由线下的1.0时代进入线上的4.0时代，主要特征也从线下到线上直至平台化、智慧化；资金服务方也由原来的银行一类发展到供应链中各个参与方及与互联网金融相连；主要技术从传统的不动产抵押到动产抵押、数据风控和数据质押及物联网方式；在每一阶段的发展中的不足之处也会在下一阶段部分解决，同时也会产生新的问题。总结归纳起来，在当前时代，供应链金融已经与产业发展、技术进步、金融服务等紧密结合在一起，成为一种为中小企业融资提供有效服务的方式。归纳总结其特征大致可见表7-1。

表7-1 简要概括总结供应链金融发展历程

时代阶段	1.0	2.0	3.0	4.0
主要特征	线下，核心企业信用为主	线上，ERP系统连接各参与方	平台化，依托互联网达成综合服务平台	智慧化、产业互联
资金服务方	银行	银行、其他链中参与者	银行、其他链中参与者、平台构建方	银行、其他链中参与者、互联网金融
主要技术手段	不动产抵押、信用评级	动产抵押、互联网	云计算、三维数控	数据质押、物联网、大数据
受限条件	运作慢，"四流"未对接	"四流"归集，核心数据在部分企业	三维数控稳定性差	初步掌握区块链技术

第二节　供应链金融与中小企业融资可行性分析

供应链金融的产生与发展和中小企业自身生产经营需求密切相关，图7-2列示了我国2013—2018年以来中小企业贷款需求与银行贷款审批指数的对比。从图中可以看出，在此期间中型企业和小微企业的贷款需求指数都高于50%，只是在2015、2016年两年间随着银行贷款指数上升而出现了下降，自2017年以来又呈现上升的趋势，然而同期银行贷款审批指数却始终低于50%，说明我国中小微企业申请贷款意愿十分强烈，而贷款审批难度较大，在审批制度不变的情况下，存在着严重的供需矛盾，中小微企业的融资环境始终不容乐观。

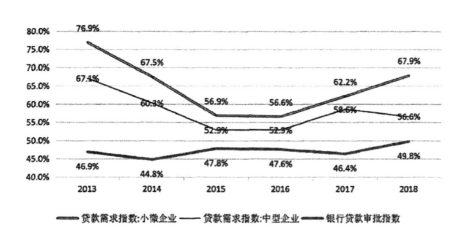

图7-2　2013—2018年中小企业贷款需求指数及银行贷款审批指数比较

数据来源：中国人民银行调查统计司

从图7-3看出，在2013—2018年的同期内我国中小型工业企业的应收账款与存货规模同时不断增加。在现实的经营中，企业不断增加的存货与应收款项会对中小企业形成比较大的资金压力，对资金流动性要求提高了，也必然会使企业融资的需求不断增加，否则企业的正常生产经营会因得不到周转而陷入困境。从图7-2与图7-3比较中可以看出，一方面是银行审批贷款指数始终低于中小企业的需求指数，说明这是一种常态的贷款缺口；另一方面中小企业由于在经营中处于弱势，其应收账款与存货日益增加，对中小企业形成巨大的资金压力，迫切需要资金支持以维持生存。这种情况下，供应链金融的引入适应了这种需求，其具备的特点与优势很明显：一方面金融机构通过把中小企业的应收款项和存货作为抵押品来取得资金，减轻了融资压力；另一方面，让核心大企业出让信用，为中小企业融资提供信用支持。正是在此双重背景下，近年来供应链金融市场规模呈现出稳健提升的局面，如图7-4所示。从上述分析得出，供应链金融的特点恰恰减轻了中小企业应收账款和存货的压力，使这些企业的资产和权益发挥了融资功能，助力中小企业正常经营和稳健发展。有报告也预测了未来供应链金融会具有更大的增长潜力。

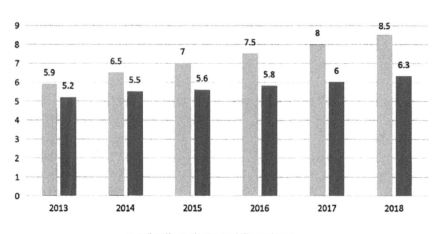

图7-3 我国中小型工业企业2013—2018年期间应收款项与存货规模增长趋势

数据来源：国家统计局和 WINDY 数据库

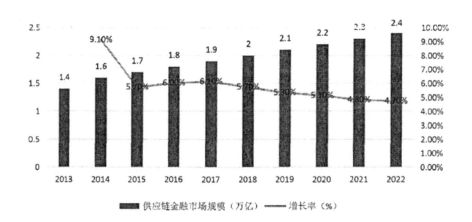

图7-4 2013—2022年我国供应链金融规模与增长率

数据来源：国家统计局与艾瑞研究报告（2020—2022 年为预测数据）

第三节　融资模式下供应链金融实现机制

供应链金融大致可分为为应收账款、存货与预付款融资模式。随着科技的发展，各种创新的供应链金融方式层出不穷，如"订单融资""数据质押融资"与"纯信用融资"等，金融作为解决问题的手段可以介入供应链链条中的各个结点，目前在这个方面都形成了相应的模式。如图7-5所示：

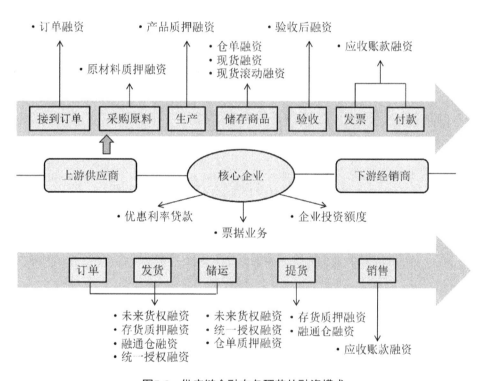

图7-5　供应链金融在各环节的融资模式

（一）应收账款融资模式

处在核心企业上游的中小企业用对核心企业的应收账款作为抵、质押物向资金方进行融资的方式即为应收账款融资。主要有保理与质押两类，保理是保理公司收购应收账款，质押是银行将应收账款作为质押物。应收账款是由供应链中的核心大企业为降低资金成本、减少资金占用、延长给付中小企业货款而形成的，如图7-6。

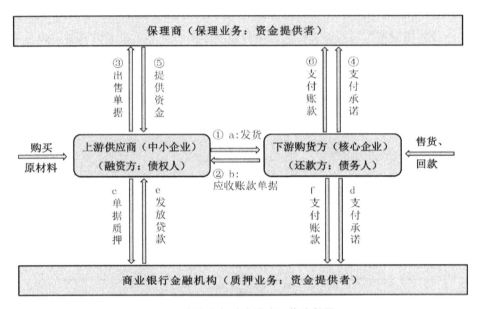

图7-6　应收账款融资模式运作流程图

①、a：融资方中小企业给下游的核心大企业发货；

②、b：下游核心大企业收货后验收货物，开出票据；

③、c：上游中小企业收到应收账款票据后出售给保理公司或质押给银行；

④、d：保理公司或银行向核心大企业核实单据，并得到应付账款企业的支付承诺；

⑤、e：保理公司或银行等发放贷款给上游的中小企业；

⑥、f：在账款到期时，保理公司或银行向核心大企业收取账款。

（二）存货融资模式

围绕着核心大企业的供货，中小企业或下游经销企业可以把存货或仓单质押给金融机构，并加以物流监管，以保证各方利益的实现。这样存货融资可用现货或仓单，现货质押可以分为静态与动态质押，仓单质押分为标准仓单和普通仓单两类。其中静态现货质押只能款到取货，不能以货换货；而动态现货质押模式下，质押权人只留存最小价值额，融资的中小企业还有权利支配高于最小价值额以上的货物而且可以以物易物，这种方式最大程度上保证中小企业在融资的同时不影响生产经营的流转。存货类融资模式针对中小企业生产经营中为应对市场波动，囤积原材料、半成品或成品的经营策略出现资金占用的现象，这种物料或产品其实是具有一定价值的，只要资金方认可，完全可能质押变现，保持企业的流动性。这种应运而生的方式，对缓解中小企业的融资困境、增强其资金运用效率大有帮助。其流程如图7-7所示：

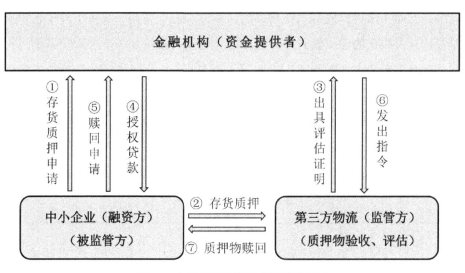

图7-7　存货质押融资模式流程示意图

①需要融资的中小企业提出融资申请；

②资金提供者（金融机构或其他资金方）和中小企业及物流监管企业达成三方协议，中小企业出具质押物；

③第三方物流监管企业担当收货验收、评估的责任，同时负责监管；

④资金提供方收到评估报告后，按合同约定的质押率给融资的中小企业放款；

⑤融资企业可采用以货易货或提出赎回申请,归还借款赎回全部或部分质押物;

⑥资金方在收到还款和赎回申请后给予监管方通知释放质押物;

⑦监管方接到通知后,按要求归还中小企业质押物或交换质押物。

(三)预付账款融资模式

预付账款融资适用于核心大企业下游的需要融资的中小企业,是以仓单为质押物的融资方式,这种方式可分为先款/票后货融资和保兑仓融资两种模式。先款/票后货融资需要第三方物流监管企业介入,让其负责监管并按资金方的通知向融资的中小企业放货;保兑仓融资的模式,是由核心大企业不委托第三方而是由自己监管,在自己的仓储地,按资金方通知向下游中小企业发货。预付账款的融资模式是针对核心大企业以强势要求下游购货方预付一部分或全款购货,才能享受优惠或取得购买的资格。这样就对供应链下游中小企业提出了资金上的更高要求,使中小企业形成了短期资金流转困难,因此,为购买到货物或争取优惠价格,预付账款融资模式应运而生。其运作流程如图7-8所示:

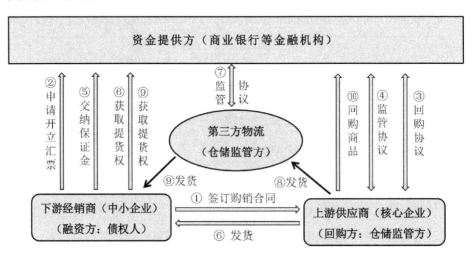

图7-8 预付账款融资模式运作流程示意图

①核心企业下游的中小企业经销商与上游核心大企业签署货物购销合同；

②中小企业经销商为提前向核心大企业交付货款向资金方申请融资，要求开具上游大企业为收款人的承兑汇票；

③资金提供方对核心大企业和下游的中小企业进行核查，核查其真实的贸易背景、资信条件，并与上游核心大企业签订货物回购协议；

④资金方与核心大企业、仓储监管方签订供货后的监管协议（适用于保兑仓模式）；

⑤中小企业给资金方交纳部分保证金，资金方给开汇票（适用于保兑仓模式）；

⑥银行通知上游大企业以保证金价值同价货款向下游中小企业经销商释放提货权（适用于保兑仓模式），融资方中小企业可提货；

⑦银行与负责监管的物流企业签订监管协议（适用于先款/票后货模式）；

⑧银行通知要求上游核心大企业将货发至第三方物流公司指定的仓库交由第三方监管（适用于先款/票后货模式）；

⑨下游中小企业已经交纳保证金拥有提货权，银行通知监管公司以保证金价值比例发货（适用于先款/票后货模式）；

⑩如果下游中小企业经销商未能完成所付汇票金额的货物销售时，按合同约定，上游核心大企业回购剩余货物。

（四）订单融资模式

订单融资客户针对为核心大企业供货的上游中小企业，基于核心企业的良好信用，在对双方的购销合同与真实贸易背景调查确认后，由资金方给予中小企业生产所需资金，在完成给核心企业的生产和交货后，核心大企业所付的货款是资金方的还款来源。订单融资模式也是基于核心大企业作为订购方的强势地位，要求中小企业先生产交货后再向其支付货款的贸易方式，这种交易方式有可能使上游中小企业因资金约束不能先生产交货，而不得不放弃大量订单和业务。因此，订单融资模式恰恰能够在上游中小企业生产时给予资金帮助而发挥缓解资金困境的作用。其运作流程如图7-9所示：

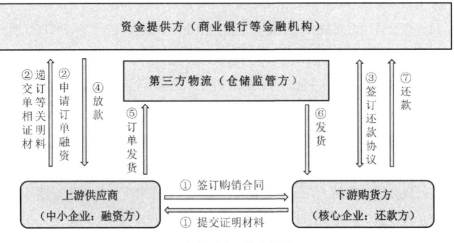

7-9 订单融资运作流程图

①上游中小企业与核心大企业签订购销合同，并约定使用订单融资；

②中小企业递交相关资料向银行申请订单融资，证明业务订单的真实有效；

③银行审核所报材料并向核心大企业核实同时与其签订还款协议；

④银行给中小企业释放贷款以进入生产；

⑤中小企业将其生产好的货物交于银行指定的第三方监管企业运输或仓储；

⑥监管或物流企业根据银行的通知向核心大企业发货；

⑦核心大企业收到货物验收后，据协议将货款作为资金替融资中小企业归还于银行。

第四节 不同组织结构下供应链金融实现机制

供应链金融从以不同的主体为主导的方面可分为以核心大企业、商业银行和物流企业为主导的不同的组织结构。目前，随着科技的进步和互联网金融的发展，一些电商、网贷平台、第三方支付平台也逐渐从掌握的数据及供应链物流体系资源入手，开展其主导的供应链金融模式。下面分析四种典型的供应链金融组织模式。

（一）商业银行主导的组织模式

以商业银行为主导的供应链金融模式是较早产生并且得到广泛应用的组织形式，因其涉及的业务种类多，产品发展得较为完善，可将前述的几种模式概括归纳分类为债券类融资（应收和预付账款）、物权类融资（存货和订单）和中间业务（包括尽职调查、账款清收、资金管理与往来等业务）三大类。图7-10中①～⑤表示了买方的运作流程， a ～ e 表示了卖方的运作流程：

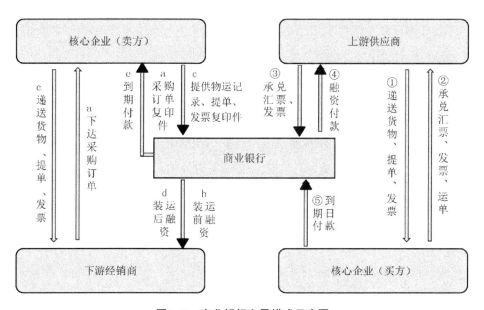

图7-10　商业银行主导模式示意图

①上游供应商与核心大企业（买方）签订合同并按要求发货，开具增值税专票；

②核心大企业收货后将商业银行开具的汇票、运单等交上游供应商；

③上游供应商将上述材料交到指定的商业银行；

④商业银行审核材料调查贸易背景和企业信用，合格后给上游供应商付款，记录买方融资额度；

⑤核心大企业在规定期限内归还资金入账商业银行账户。

a.下游中小企业经销商与核心大企业签订采购合同，将采购订单复印给商业银行；

b.商业银行核实后，按签订的融资合同与订单情况为下游企业提供资金；

c.核心大企业给中小企业经销商发货，同附提单与发票，并给银行提供货运记录、提单与发票的复印件；

d.银行核实材料，为中小企业经销商再次提供装运后融资并建新除旧记录；

e.商业银行在期限规定日期到后，向核心大企业付款。

商业银行模式主导下，大多是商业银行针对核心企业的信用授信开展的放款业务，无论核心企业是卖方还是买方。

（二）核心企业主导的组织模式

核心企业居于供应链的主导地位，影响着整个链条的运行速度和效率，具有协调上下企业的能力，也具有沟通链条内外的优势，还具有收集整个链条原始信息的能力，所以充分地开发核心企业的优势和能力对整个供应链规模的扩大和良好运营至关重要。图7-11展示了核心企业领导下供应链金融运作流程：

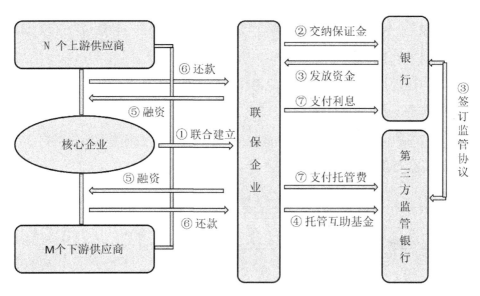

图7-11 核心企业主导模式示意图

①核心企业联合多个上下游中小企业签订协议,共同出资成立联保组织;

②核心企业出让自身的信用,各个中小企业出资交纳保证金向银行申请贷款;

③银行等资金方核查核心企业信用及全链条业务情况,同时与监管银行建立监管合作,为联保企业放贷;

④核心大企业可为资金管理人建立互助基金,并交银行指定的托管银行托管;

⑤核心大企业管理互助基金的使用和发放,接受托管银行的监督;

⑥各融资的中小企业在使用资金后按时归还;

⑦各融资的中小企业以联保企业名义按各自所用比例向银行等支付利息和托管费用。

(三)物流企业主导的组织模式

物流企业在物流仓储业务方面拥有专业队伍和技术,同时掌握货物在供应链上的流动，因而赋予了其特定的信用。物流企业利用自身特殊地位可以对接供应链众多上下游企业，能够发挥筛选信息并匹配合适交易的作用。下游经销企业可以通过物流企业搭建的信息系统平台选择合适的上游企业并由物流企业代付货款，从而节省资金占用；采购企业也可以通过物流企业提供的信息系统选择合适的供应商并由其代付货款，缓解资金压力，提高资金运用效率。这种供应链融资模式流程见图7-12：

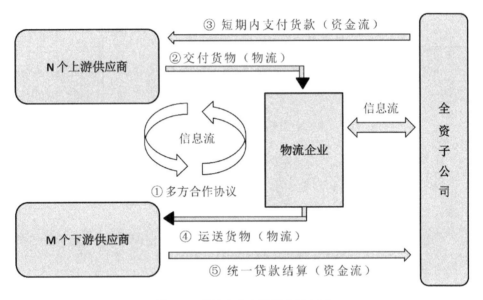

图7-12　物流企业主导模式示意图

①物流企业基于自身在信息系统中的核心地位与多个上下游中小企业签订协议；

②上游中小企业供应商将货物交付物流企业；

③物流企业可以成立自己的全资子公司作为资金方，在货物交付物流企业时即付清货款；

④物流企业运货至下游中小企业经销商后，由子公司与其付货结算；

⑤下游经销商将款项打入物流企业全资子公司的账户，完成交易。

（四）电商主导的组织模式

电商主导的供应链金融同时具有信息收集、资金把控、物流配送等综合的优势，因而以其为主导的供应链金融模式受各方的欢迎。在信息系统方面，电商平台会拥有与生俱来的优势，会掌握网购消费者与各种货物供应商大量的交易数据；在物流运输方面，大多电商平台也成立了自己的物流企业；在资金方面，电商平台有的成立了自己的金融子公司，有的建立了与各类金融机构合作的机制。这种主导模式的流程见图7-13：

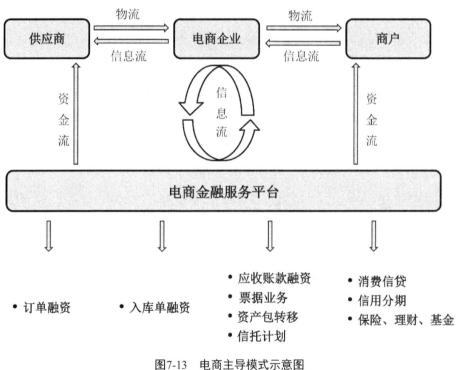

图7-13　电商主导模式示意图

第五节　供应链金融存在的问题及解决途径

如今参与供应链金融的企业和机构越来越多。在供应链金融运作中，核心大企业的信用、物流企业和电商平台的枢纽作用，都为整个链条盘活了相应的资源价值，在一定程度上克服了中小企业自身信用低融资难的障碍，从而切实地解决了一部分中小企业的融资问题。但供应链金融仍存在多层级信用穿透难度大、各主体协调配合性难等一些难点，造成各参与主体的困难，如：对于核心大企业，由于上游中小企业融资贵加大了其采购成本，由于下游企业融资难，影响了其资金周转，上下游融资慢导致信息传导延长，影响效率；对于中小企业来讲，利用核心大企业的信用难以向二级以上的企业输送，下游的融资仍以传统方式为主；对于资金方来讲，信用穿透难导致风险控制难度加大，贷款不能多级覆盖，小规模的资方更是难以把控风险，谨慎放贷。另外，互联网与供应链的结合程度还处在起步阶段，一些民营企业由于传统观念较重，担心互联网化、信息化会丧失企业机密；一些企业的上下游可能存在不规范运作，有可能形成只有资金在转、没有实际物流和真实贸易的空转。因此，为防范和化解可能出现的风险，提升供应链金融对中小企业融资的效率还有很大的空间。

一、充分利用金融科技的发展

金融科技的发展对供应链金融扩大规模和风险控制提供了有效保障。首先，通过大数据风控和区块链技术的应用，去中心化的分布式记账对信息实施了同步记录和不可篡改，保证信息的真实；其次，各主体之间的业务可以通过区块链实施多层级穿透，并使用电子凭证，保证效率和真实；最后，要通过科技手段加大供应链金融产品和服务的创新力度，在全链条的各个环节，不断创新升级，为中小企业提供更便利的融资方式。

二、改善供应链金融发展环境

（一）健全相关法律法规、加大优惠政策力度

供应链金融在我国已经发展了十多年，充分发挥了融资的功能和作用，但是针对性的法律法规却十分匮乏，使得供应链金融业务陷入无法可依的境地，也使供应链金融无法更大地发挥融资功效。一方面，政府在立法方面的作用要加强，设立相应法律法规以保证该行业规范发展；另一方面，也要加大财税扶持力度，减费降税，扶持供应链金融产业也是为中小企业融资改善环境。

（二）建立供应链金融信息平台

政府在促进供应链金融发展中的作用是提供公共服务，而供应链金融由于业务涉及主体多、流程复杂等特征，需要建立一个为各主体共同服务的信息平台，以使信息公开透明，增进业务的规范性和作用的发挥。供应链金融中的银行、核心企业、物流公司与电商等都需要为建立和使用这个平台发挥作用，例如银行掌控资金流向，物流企业把控货物流向，互联网公司掌握信息技术，核心大企业掌握真实贸易，政府需要协调各方关系，共同推动这个共享信息平台的建设。

（三）促进中小企业信用发展

供应链金融因所有金融活动都与链条有关，所以容易形成闭环资金流动、交易相对固定的特征，对中小企业的信用信息容易采集、分析和使用，建立信

用评价体系，能够为中小企业长期信用发展提供有效的积累，改善企业的融资环境。

三、加强各供应链金融参与主体的作用

（一）扩大供应链金融资金供给方的范围和规模

目前大多数资金方是银行等金融机构，产品结构也较单一，缺乏创新。同时，由于其他主体的缺乏，使银行过多地行使了其并不专业的监管、审核等工作。为此要加强供应链金融的创新，就要大胆引进各种资本参与供应链金融，同时供应链中各参与主体要利用自身优势，拓展业务范围，努力成为供应链金融的资金提供方，市场竞争强度加大，会促进行业的更好发展。

（二）加强核心企业的建设

核心企业在供应链金融中的地位多由于易货贸易中形成的竞争优势，其对供应链内外资源的整合与集成至关重要。这些都证明供应链中核心企业的作用潜力巨大，由于我国供应链金融管理意识整体处于较低水平，核心企业对自身的资信认识单一，也由于缺乏激励机制，导致核心企业对供应链金融的积极性不高，处于配合状态，没有给上下游的中小企业以更强的信心和归属感，容易加大整个链条的金融风险。因此，核心企业的供应链金融意识要增强，增强担当意识和控制力，为最终的受益和整个链条金融风险的防控提供保障。

（三）注重中小企业建设

供应链金融成为支持供应链内中小企业融资的有利条件，这就要求中小企业必须加强自身建设，有资格、有能力进入到供应链中来。为此，供应链以外的中小企业，要提升行业地位，努力建立与核心企业的合作，争取进入链中充

分利用供应链金融；链内的中小企业要保持业务稳健发展，提升在供应链内的相对重要性，为更好地利用供应链金融融资打牢基础。

（四）强化物流企业服务建设

物流企业在现实中承担着运输、保管和监督的作用，在供应链金融中也发挥着联结资金需求方和资金方的作用，因此，物流企业的成熟发展为供应链金融业务提供了有力保障。同时物流企业还可以扩大业务范围，成为供应链金融中的资金方，在信息建设方面提高技术水平和管理水平，降低自身成本，防止信息失误造成损失。

（五）加强整个链条的金融风控

供应链金融的风控是建立在真实有效的信息基础之上的，同时要求供应链内部、外部和各参与主体分别建立风控机制，保持其稳健发展。作为链条管理要保证风险管理是为了支持业务发展而不是阻碍业务发展，运用业务链条的闭合性，保证不出风险；利用业务的上下游关系，形成隶属，保证垂直，各个主体互相制约互相监督；在资金流上要以内部流动的资金量为参考，保证规模增长不越过各个主体的承受能力；在信息上要保证有痕迹可查，各个主体的自我约束保证信息流畅和清晰，防止道德风险。

第八章 国外中小企业融资的比较

第一节 几种典型的国外模式

中小企业融资难题在世界其他国家如美国、德国及亚洲的日本、韩国等市场经济发达国家也同样经历和面对过，这些国家经过研究和实践已经建立了较为有效的融资体系和融资制度，因此，借鉴其在这方面的成熟经验和做法，对缓解我国中小企业融资难问题，改善中小企业融资环境具有十分重要的现实意义。

一、美国模式

美国经济的市场化程度高，经济形态中既有巨型的跨国公司，也有约4000万家以上充满活力不断发展的中小企业。美国经济上明显的优势是金融制度比较完善，资本市场高度发达，政府对各类金融工具创新保持宽容支持的态度，让市场在经济发展中发挥着比较充足的作用。虽然美国政府对中小企业融资问题高度重视，但其一般不对中小企业直接注资，而是鼓励、支持和督促各类金融机构为中小企业融资，形成了政府引导、民间投资为主、发挥金融法律制度和资本市场最大作用的类型，可谓政府间接扶持型。

（一）明确法定地位，建立组织保证

美国的中小企业管理局是专门为扶持中小企业提供服务的官方永久机构，其职能全面，包括调查研究并解决中小企业的各种问题，为中小企业提供技术支持、管理培训，指导其选择融资渠道和方式。美国的中小企业融资法律体系形成于1953年的《小企业法案》，这部法律明确了中小企业的地位并出台具体内容以支持和保护中小企业的发展。后又颁布了《中小企业创新发展法》，目的是鼓励和促进中小企业进行科学研发，其中规定，中小企业只要研发费用超过一亿美元以上，政府均按一定的比例提供资金，促进其科技成果转化，而且该法定的比例具有强制力。美国有《中小企业投资法》《中小企业技术革新促进法》等几十种为扶植中小企业、支持金融机构为中小企业融资的法律法规，同时对违反法律法规的行为予以严厉而明确的惩罚。

美国强制性要求企业进行信息披露，详细地规定了企业信息披露的方式和规范以及不按规定执行遭到的严厉惩罚。这对提升企业自律、规范企业信用、把握企业信息大有帮助，有效地解决了大部分信息不对称的问题，能够提高市场的效率。

（二）风险投资体系完善

风险投资和天使投资是美国在全世界率先起源和发展的，迄今为止，美国仍是世界上风险投资最发达、效用最高的国家。自从20世纪末以来，美国风险投资基金的投资额年均增长都在300亿美元以上。纳斯达克市场更为高科技的中小企业进入直接融资市场打开了通道，为来自世界各地的以美国本土为主的大量的中小企业提供了直接的资本支持，有些世界著名的公司就是通过纳斯达克市场成长起来的。同时，美国也大力完善企业的间接融资渠道，由中小企业管理局制定针对中小企业的各种优惠贷款计划，并向金融机构直接发出指令，同时也为中小企业提供融资担保。所以在美国，中小企业不仅有直接的资本市场支持，而且有多种外部融资渠道，这样就形成了中小企业丰富的直接与间接相结合、内部与外部相支持的融资体系，使中小企业融资的难度远远小于我国。

（三）多层次的资金支持体系

美国出台的金融政策直接明确地扶持中小企业，如政府专门成立了中小企业政策性金融担保基金，它对引导其他金融机构加大对中小企业贷款发挥了先导和保障作用。在《小企业法》和美国联邦中小企业局（SBA）制定的政策中非常完善与直接地对中小企业融资给予了操作性极强的帮助和扶持。例如明确中小企业管理局的主要职责之一就是为中小企业融资提供担保、增信服务和履约保证，另外建立了担保行业的二级市场，为担保的风险处置提供了通道；明确列出优先向中小企业贷款的金融机构名单，并提出相关要求。对中小企业的服务从研发投入到进入资本市场融资发展到开拓国际市场等全过程按阶段给予相应的支持，这使美国的中小企业服务成效非常显著。另外，美国的中小企业管理局还负责管理了一些项目，引导社会上各类机构对其直接注资或贷款，如社区贷款、微型贷款、污染控制贷款等等。另外，美国对各类中小企业的财税优惠非常直接且力度很大，例如在《经济复兴税法》中不但将个人所得税下降了25%，而且对雇员在25人以下的小企业，公司所得税只按个人所得税率缴纳即可。各项减费降税政策措施时效长，操作性强，所以美国的中小企业的成长发展环境是相对优越的，也为美国经济注入了持续不断的活力。

二、德国模式

德国中小企业融资以便捷的银行信贷融资渠道为主要特点，另外政府各部门能够按各自职责协调配合，建立了支持中小企业融资的高效的工作机制。

（一）中小企业融资相关法律法规健全

在重视商业的德国，政府对中小企业及其融资问题也是高度重视的，能够积极采取各种措施加以解决。为此政府专门制定了扶持中小企业融资的政策，并把支持原则纳入国家经济的法律框架中。德国各州制定的中小企业促进法与金融机构自身的法律，以及德国联邦经济部的中小企业促进政策相互协调配合，共同形成了较为完整和针对性较强的中小企业融资法律法规体系[1]。另外政府出资并成立中小企业融资机构，开展专业定向的信贷和担保业务。同时出台政策咨询、税收减免、鼓励投资等务实的服务。

（二）中小企业融资服务机构健全

德国政府联邦层面的联邦经济部负责制定中小企业融资服务框架，全国各州、市县以此为指导制定各自辖区内的政策，形成了联邦层面和地方层面的中小企业融资支持政策的有机系统。另外各种金融机构也实施有力的措施，如德国复兴信贷银行、各州的政策性银行构建为德国国内的政策性资助体系，同时引进欧盟的各项基金和投资银行联盟成为一个纵贯欧盟—联邦—地方三层的中小企业融资支持链条，德国全体中小企业都能同时享有政策性和商业性金融支持。同时，政府与民间也构建了半官方的中小企业融资服务机构，如德国商会、德国中小企业研究所等，有的是为了分担部分管理职能，有的负责研究政策依据。民间机构的行业协会和信用服务机构的工作也比较完善和细致。

（三）政府主导，市场促进

德国的中小企业融资是以政府为主导的，同时市场竞争规定其遵行的原则。政府的主导作用表现在，首先，政府组建了资助银行、担保银行和储蓄银行等各种专业化金融机构，并要求其承担一定的公共义务，专门为中小企业提

---

[1] 董治：《德国中小企业融资体系研究》，中国社会科学院研究生院，2017年。

供不超过50%的贷款，其余由其他商业银行补足，政府向这些为中小企业借款的银行提供20%～30%的利息补贴。在税收方面，德国将中小企业营业税起征点不断上调，有的地区营业额100万欧元以下的中小企业不用考虑纳税问题。会计制度方面对中小企业的设备折旧款标准提高到了20%。其次，德国政府建立起各种机构间的协调运行机制，如资助银行和担保银行采用的主要往来银行制度。此外坚持以市场竞争机制进行组织，从企业自身的需求出发，自下而上由企业端启动，遵循市场的规律，给各参与主体以市场竞争的自由空间。如政府设立的资助计划项目，完全由中小企业根据自身情况进行选择，商业银行等机构也按照市场机制来筛选中小企业的融资申请。这样，政府的行政命令与市场竞争在各自领域发挥作用，合理边界保持有序，使整个融资体系融资效率高，且资源不浪费。

（四）大力引进民间机构

德国以政府为主导的方式需要调动公共资源，但这毕竟是有限的，政府不仅会根据经济形势适时调整支持政策的内容和力度，同时大力鼓励民间机构发挥作用，通过市场的选择和竞争为中小企业融资服务。比如：德国政府以公共资金支持股权投资公司参股早期中小企业；利用民间商会、协会以及征信机构和信用服务机构，搭建起整个社会的信用信息体系，减轻了中小企业的信息不对称程度。德国政府鼓励民间机构的形式还有成立公私合营的机构，比如各州的经济促进公司负责对担保银行进行再担保和再融资。经济促进公司优先为中小企业服务，嫁接了政府与民间经济，而且采用的也是市场原则，极大地保证了民间经济的活力。这种按照市场的规律以完成政府的目标和任务为主责的形式在完成政府促进区域经济发展目标的同时，解决了中小企业融资问题。

三、日本模式

日本的中小企业在第二次世界大战后发展迅速，在全球形成了独特的竞争优势，为日本经济的强大贡献了力量。日本为中小企业的各项立法极为完善，政府扶持中小企业的政策尤其是金融政策也极其丰富。这些政策支持手段呈现出直接性强、效率高的特点。

（一）树立全社会扶持中小企业的理念

日本在二战后为加速复苏经济曾将主要国力和资金投放重点行业企业，形成了中小企业融资难、发展难、与大企业的差距巨大的经济"双重结构"。面对此问题，日本政府从着重打造理念入手，要求每一个国民都有义务有责任为小规模企业及人员的工作和生活作出努力，同时充分尊重中小企业的创造性和独立性，大力扶持其增强国际竞争力向全球产业高端发展。在坚定的理念指导下，中小企业需要的资金和服务能够及时全面到位，使日本的中小企业迅速成长起来，带领日本的一些产业走向了世界。

（二）担保体系和管理体系较为完善

日本国家的信用担保体系起源最早也最为完善，形成从地方到中央、从担保到再担保及再担保保险的双重担保保险模式，政府全额出资成立了全国性的"信贷担保协会"和中小企业信用保险公库，基层有各地方性的中小企业信用保证协会和民间的担保公司，这样两层担保机构为中小企业在金融机构融资提供服务。同时政府在各地的工商会联合会内设有"防企业倒闭顾问室"，针对性地为中小企业实施"经营稳定信贷制度"。

在日本自上而下形成了大量官民合办的管理机构的网络，其资金来自政府直接投资和民间的出资。同时也建立起了与之相伴随的信息网络，上下相通的信息渠道一方面为收集中小企业的各种经济技术及信用信息，同时也将国际前沿信息通过各地中小企业管理机构传递进来。据研究，日本的中小企业管理组织机构是完善的，为中小企业提供的服务也是周全的，尤其是在促进中小企业技术创新方面积累了丰富有效的经验。总体上，日本的中小企业得益于各种贷款，但日本也组建了柜台交易和第二柜台市场为中小企业直接融资创造条件，使即使亏损但有潜力的企业也能上市融资。

（三）提供法律保障和实行利率优惠

日本的市场经济环境法制化程度高，政府扶持中小企业的法律政策也很完整，为中小企业快速发展并成为日本经济的重要支撑提供了法律保障。日本具有《中小企业基本法》《中小企业公库法》《中小企业信贷保护法》等30多个专门法律支持中小企业发展。通过这些法律进一步明确了中小企业的地位，切实保障了中小企业的合法权益。另外，对中小企业融资也实行利率优惠，所有中小企业均可按最低利率在专业化银行或金融公司融得资金，而且额度宽裕，在还款期限上可以协商延长，微型企业更无须抵押。因为无抵押贷款的责任和义务由民间社团承担，而资金则由国家全额划拨。国家的中小企业金融公库还对高新技术企业及中小企业融资给予利息补贴，并且各县政府均有相应制度保证执行。日本政府是典型的直接出资支持中小企业融资的国家。

四、韩国模式

韩国曾在短时期内实现了工业化，并成功地跨越了我国现在正在面对的"中等收入陷阱"，其中中小企业的发展贡献卓著，这与政府实行大力支持中小企业并鼓励其创新的政策是密不可分的。政府通过立法形成了独特的政策性金融支持中小企业融资的体系，为中小企业创造了良好的条件，助推韩国中小企业快速发展并走向世界。

（一）完善的金融支持体系

在韩国，中小企业融资渠道较多受益于其完善的金融支持体系。首先，商业银行的常规贷款在中央银行强制要求下对中小企业执行优惠的利率和最低比例；其次，韩国政府投资成立了专门为中小企业服务的中小企业银行，限制服务对象只能是中小企业；再次，信用担保体系强大，韩国政府成立了信用担保基金（KCGF）和科技信用担保基金（KTCGF）构成全国性的信用担保基金，加上各地方成立的担保基金共同组成中小企业融资担保体系，为所有的中小企业和高技术中小企业或风险企业提供担保；最后，国家的政策性基金通过专业银行向具备资格的中小企业直接发放各项政策性贷款。

（二）发展风险投资市场

韩国政府引导风险资本市场快速发展，目前韩国的风险投资资本在经合组织国家中也是位列前茅的，为中小企业直接融资开拓渠道。韩国政府也建立了二板市场——KASDAQ 市场，为高科技创新型中小企业上市和风险投资退出提供通道。

（三）融资扶持倾向于创新

韩国政府成立的中小企业管理局负责对中小企业的全方位支持，包括对企业的能力建设、企业家的培养等。同时韩国的各项政策措施包括融资策略更多地扶持中小企业提高技术水平，增强创新能力，政府的各项专项贷款，通过专业银行发放给中小企业支持其设备升级换代和加大科技研发投入，也有各种专项基金支持能源产业和促进创业。这种政策性的倾向也促进了中小企业融资体系中其他主体的合作与交流。可见，韩国的中小企业得到来自政策性银行、信用担保基金和资本市场多层的政策性金融体系的服务，融资状况基本乐观。

美国、德国、日本、韩等国家经济结构中的中小企业为这些国家迈进发达国家作出了巨大贡献，这与其有效解决中小企业融资问题是离不开的。同时也证明缓解中小企业融资难不能仅靠商业性金融体系，政府的政策性金融体系是不可或缺的。美国模式中政府是间接引导，并没有供给过多的行政和财政资源，主要靠成熟的市场经济发挥作用；德国的信贷政策及社会资本的模式中都突出了政府服务的力度；日本模式是政府主导型，很多渠道都是政府直接出资；韩国模式则具有综合性的特点。现阶段我国市场经济发展还不充分，国家资源也是相对有限，如何结合我国实际情况形成自成特色的金融及金融服务体系，最大限度地完成对中小企业融资的支持是摆在我们面前的极其重要的任务。

第二节　我国中小企业融资与发达国家的比较

我国经济发展的历史和现在都具有自身的特殊性。首先，我国还处在市场经济的初级阶段，汇率是管制的，利率的浮动机制也刚刚实行，金融市场没有完全开放；其次，我国经济是以公有制为主体的多种所有制经济共存，为此国有经济成分在经济中的主体决定了中小企业中的民营经济是否受到同等待遇方面需要考量。与此同时，在改革开放40余年的进程中，我国金融体系的发展是国有大银行支持国有大企业的模式，与有些国家的小银行小企业成长起来的发展模式不同，在融资环境的发展历史上就存在着区别。因此我国中小企业的融资具有自身的发展特点和阶段特征，在满足中小企业资金需求方面与发达国家存在一定差距也具有客观的历史根源。以下就融资结构、融资机制和担保体系的对比为我们改善中小企业融资环境、推进中小企业融资工作具有现实的借鉴作用。

一、融资结构上的比较

首先，发达国家中小企业的内源性融资比例一般不会高于50%，而我国中小企业则以内源性融资为主，内源性融资比重高达70%以上，这一点就为中小企业的建立设置了障碍。其次，发达国家的直接融资占比在中小企业融资结构内更高，在市场经济发达的国家，资本市场也相对发达和成熟，更有利于中小企业直接融资。由于目前我国多层次资本市场尚需完善，运行机制在逐步调整，大量建设管理工作正在进行，主板上市的门槛较高，即使中小板和新成立的科创板也对企业的行业及各方面要求较高，新三板和区域股权市场交易量和活跃程度低，迫切需要加大资本市场改革的力度，扩大中小企业直接融资比例。在中小企业间接融资方面发达国家均以商业银行贷款为主要渠道，但在我国各大商业银行对中小企业的贷款支持力度虽有所改进，但仍有巨大提升空间。

二、融资机制上的比较

发达国家的政府在中小企业融资体系中都发挥着重要的作用，有的是政府直接出资，或建立信贷担保或成立专业化金融机构，有的主导市场机构为中小企业提供资金支持。我国虽然也建立了政策性银行体系，但目前更倾向于国家政策支持的重大项目和国有大型企业，对中小企业贷款的可能性是微乎其微的。国有商业银行也是从商业利益和规模经济角度考虑对大企业、大项目贷款较多，所以说仅依靠目前这样的政策性金融制度解决中小企业融资问题是不够的。城市商业银行作为区域内的金融机构也是倾向于把有限的资金跟贷大型商业银行，贷款给国有企业或地方政府担保的风险系数较低的平台公司。农村信用社近几年纷纷改制为农村商业银行，引进了社会资金，但经营控制权大多还在原有股东手里。村镇银行的成立虽然放开了股东的限制，但国有控制和国有商业银行主导的地位不变，造成其管理团队管理思路和业务模式与商业银行相近。当前，其他民间融资渠道，如小贷公司、商业保理、互联网金融等都面临监管趋严的形势。因此从顶层金融制度的设计上要出台有效扶持中小企业融资的机制，并形成操作性强可执行的融资体系，才能为缓解中小企业融资难题提供有力保障。

三、融资担保上的比较

前述的几个发达国家均建立有中小企业信用担保体系，为化解和规避金融风险、提高中小企业融资能力发挥了重要作用。比如：日本已经形成了中央、地方共担风险，担保、再担保相结合的体系。我国在这一点上就目前的信用担保体系还远未成熟，担保业务的范围和内容及普及程度也远未达到应有的水平。一是信用担保的系统不健全，所谓的"一体两翼三层"的体系结构还不充实，在国家层面没有主导的组织机构和具体的操盘者，因为行政管理层级的限制，有些地市的担保机构只局限于为本区域中小企业服务，没有形成上下相通的网络系统，有些省份的担保机构管理出现问题造成重大损失也就不能再发挥统领作用了。二是信用担保机构的资金来源少。政府对担保公司的出资比例较低，各级财政没能将对担保机构的出资纳入预算，也没有建立长效的增资机制。各地政府的担保机构大多采用企业化管理，自负盈亏，资本金自筹，容易形成企业为追求利润而造成业务上比较大的风险。三是风险补偿机制尚未建立，担保机构的代偿机制尚不健全，大部分由企业自担，后期的资产处置等问题也是企业自主解决，无论是担保企业还是被担保企业都面临着巨大的风险，担保代偿及风险处置机制方面政府的作用没能充分发挥出来，没有形成合理有效的风险处理机制。四是专门为民营企业提供服务的担保机构数量十分有限，与银行金融机构的合作受限，业务规模普遍偏小，抗风险能力较弱，作用发挥不强。

第九章　中小企业融资方面的政策建议

中小企业融资是中小企业发展的核心问题，如果考虑到中小企业在国民经济中的重要作用，就可以将其作为一种"公共产品"而由政府动用公共资源去创造融资条件；在政府发挥作用的同时，要充分发展市场的作用，两者按照各自的合理边界有序地推进运行。在我国中国特色社会主义市场经济条件下，市场的建立、建设管理在很大程度上要依赖于政府的调控，为此政府的作用要替代一部分市场失灵的功能。政府负责宏观上指导方向，在市场范围内市场机制发挥作用，当然一些市场的问题需要在政府设计层面予以宏观的设计和结构性的解决。在市场上要遵照市场规律，将现有金融服务与各种新兴的融资方式结合起来，共同构建和完善我国中小企业融资体系，可以从最大程度上扶持中小企业。同时作为中小企业自身需要加强和完善的地方很多，在政府和市场的作用下通过内因提高自身的融资力，共同解决中小企业融资难问题。这样就能形成政府、市场、企业三个大小环境共同作用的良好融资体系。

第一节 政 府 层 面

中小企业融资是一项具有外部正收益性的准"公共产品"[1]，政府有责任和义务为其营造良好环境，并提供公共服务。另外，中小企业融资体系打造需要政府扶持体系和金融体系的变革，这些都是靠自发性制度变迁无法实现的，其建立健全也需要政府的主导并不断推动。

政策工具是政府部门对市场中各种经济主体实施作用和影响的媒介和手段，会对各市场主体的动机、决策、行为及结果产生作用。政府政策与政府政策工具是同一概念，只不过"政策工具"重复强调了政策的可用性。政府通过制定出台各种政策来发挥作用，政府各项职能的执行主要通过各种政策工具来实施。在我国经济逐步向市场化转型的阶段，政府促进中小企业融资的政策工具也逐步向市场化转型。中小企业融资政策工具就是政府为了缓解中小企业融资困境而采取的具体方式和手段及机制。本书经过对我国20世纪90年代以来政府促进中小企业的融资政策的梳理，将我国政府执行的中小企业融资的政策工具列出，如表9-1所示。

当然，在其他政策系统中如创新创业扶持政策、社会化政策、检查监督等中也有间接支持中小企业融资的作用，如社会化政策中的信息服务平台建设对中小企业的信息进行公开，会降低信息不对称；如权益保护和检查监督政策中法律法规的监督执行也是中小企业融资系统的保障。然而，各种政策工具如财政补贴、专项资金乃至信用担保等都有不同的特点，侧重面各有不同。几项政策综合发力共同致力于缓解中小企业融资难，如财政政策、信贷指导政策、融

---

[1] 李扬，杨思群：《中小企业融资与银行》，上海财经大学出版社，2001 年。

表9-1　我国中小企业融资政策系统汇总

政策系统	政策工具	提供系统
财政政策	拨付专项资金资助奖励中小企业	资金管理部门
	成立发展基金引导社会化资金	基金管理公司
	缓、减、免给予税收优惠	政府
货币政策	引导、鼓励金融机构提供贷款，浮动利率	金融机构
融资政策	建设普惠金融体系推动中小银行、非银行金融机构发展	政府
	差异化金融监管提高不良贷款容忍度	政府
	信用贷款提供信贷资金	金融机构
	提供金融产品和服务	金融机构
	提供股权融资	证券机构
	提供担保品担保融资	金融机构
	专门专项金融服务	商业银行、中小银行
	确认应收账款与债权债务关系	中小企业，付款方，融资服务平台
	政策性信用担保提供信用担保	信用担保机构
	贷款信用保险	保险公司
	提供信用征信产品和服务	征信机构
	信用评价评级服务	第三方机构

资引导政策、信用担保政策的综合运用。如何在政策方案中协调搭配、取长补短成为问题的关键。从此视角展开，有必要分析各种政策工具的优点、局限性，确定工具选择时遵循的一般规律，进而确定在当前环境下最适宜的工具。从表9-1可以看出，政府政策对中小企业融资的实施是综合的，实施主体中也有金融机构等的参与，本书将其视为市场层面的主体，所有政策的实质都表现为政府与市场的关系，中小企业也是市场主体，政府非市场主体的地位决定了其不能直接参与中小企业的具体事务，包括融资。政府发挥作用只能通过普遍性的政策工具为中小企业融资服务，所有政策有且只能达到一个目标：改善中小企业的融资环境，缓解中小企业融资困境。中小企业的融资环境以自身为界限分为内环境与外环境，政府作用的发挥主要在融资外环境方面，也可以通过影响内环境而间接地降低融资成本等方面，从而达到扶持中小企业良好发展的最终目的。

一、理顺管理体制，增强职能效能

目前我国行政体制中中小企业管理局还未充分发挥职能，多部门交叉管理现象频频。为此从顶层设计的角度要对中小企业的管理实行多部门联合，发挥齐心协力的作用。工商、财税、金融及各行业主管部门要分工明确合理并行，共同营造中小企业良好的发展环境。

（一）转变政府职能，提高监管水平

从思想上真正落实对中小企业的重视程度，全面加强中小企业管理局的职能，强化其协调各相关部门的体制机制，成为统领区域内中小企业发展的主要负责部门和管理部门，从行政层级上给予保障权限的实施。

对非正规金融监管，各政府部门及金融监管部门应作如下调整：一是要转变观念，监管中要遵行市场经济的规律，清晰市场的边界，针对非正规金融发展的特点，采取有效疏导性监管，减少直接干预。二是转变现有的工作方法，注重为投融资双方提供信息服务，加强相关金融政策的宣传力度，让企业明白自身的权利义务，自觉接受监督。三是要优化金融环境，提高社会诚信意识，对非正规金融的监管多从工作机制上下功夫，以宽容支持的态度，解决影响民间融资安全稳健运行的不良的矛盾和问题。要加强诚信文化的宣传教育，形成全社会守信的氛围，加大违反信用的成本，更好地发挥非正规融资的积极作用。

（二）利用产业政策调整融资方式

以产业政策的调整为契机提高中小企业融资效率。应加大对高新技术型中小企业的财政支持和税收优惠力度，减轻此种类型的中小企业早期投资压力，使之尽快进入盈利期并形成积累，促进企业的内源性融资。同时，应鼓励中小企业通过联合购并和互相参股等形式提高内源性资本的比例，政府可提供相关业务指导与政策支持。要通过产业政策调控加快金融的供给侧结构性改革，推

进银行金融机构改革和资本市场、货币市场建设，鼓励民间资本参股金融机构；引导商业金融机构和民间资本，在市场可调节的范围内对中小企业进行资金支持。加大金融产品的创新，开发适合中小企业个性化需求的非标的金融产品。

（三）加大减费降税的力度

我国中小企业的自有资本不足很大程度上源于企业利润不高，总体上讲税负还是比较高的，尤其与大企业相比较更为突出。据统计，我国境内中小企业的税收总额约占资产总额的6.9%，大幅度高于全国企业平均水平2.91%；税收占利润的比例为119.6%，也明显高于全国企业99.9%的平均水平。另外，税收营改增以来，部分服务型中小企业的税收过高，也影响其积极性的发挥，尤其是在遭遇重大自然灾害和公共卫生事件时中小企业抗冲击抗风险能力更弱。因此，国家可将减费降税的政策作为重点扶持措施，将更多利润作为中小企业内源性融资的来源，发挥其优势，并应适时加大减费降税的实施期限和力度以保证达到充分的效果。

二、完善法律法规，加强信息建设

当前，从国家宏观设计层面的立法任务还是任重道远的，同时省、市各级政府、人大及主要管理部门也应及时配套出台相应的规章和实施意见，这样才能为我国当前各项政治经济发展任务保驾护航。通过研究发现，无论是经济发展本身需要还是广大人民群众日益增长的需求中非常重要的一条就是对法律法规规章制度的需求。在本书中也作出了我国中小企业融资环境与国外的比较分析，其中最大的借鉴应该就是法制建设的经验。我国的中小企业成长历程在我国经济大企业、大银行发展模式的特点映照下显得过于短暂和幼小，需要国家从法制层面给予积极的支持和保护。同时中小企业面临经济下行和转型升级的压力巨大，其地位与其贡献十分不匹配，国家要将宏观上提出的对中小企业的扶持政策，通过法律法规具体实施并固定下来，全面完善扶持中小企业的法律法规体系。当前，我国政府对中小企业也是越发重视，在法律建设上正在进行或拟进行一系列工作，如2017年对《中小企业促进法》进行了重新修订。这部法律包括的内容虽然很全面，但后续没有制定实施细则进行细化量化，造成可操作性不强，需要出台更为系统、全面、可执行的实施细则，并根据实施过程中出现的新问题再及时进行调整，不断加强完善中小企业融资方面的法律法规体系。在法制建设方面建议以下几个方面要加强。

（一）增强法律法规出台的及时性和全面性

有法可依是所有法治工作的前提，经济社会现象层出不穷，有些新生事物的出现具有时代特征和引领作用，必须尽快出台相应的法规规章加以规范引领。首先是立法调研方面要加大力度，及时把握新业态、新动向、新形势，作出准确判断，搞清楚有效需求。中小企业融资规模作为社会融资规模的一部分，在复杂的现实环境下，时刻发生着变化。为此，要加强日常的调研与观察，及时掌握变化趋势。其次，加大立法效率，一些涉及有限范围具有局部性特点问题可以用属于地方性法规规范管理的就及时出台，并根据事实发展状况及时完善加以补充。同时也为在更大范围内、更高管理层次上的法规制度的制定提供可借鉴的经验。再次，中小企业融资立法工作要系统化。要建立一系列、一整套的法律规章制度，使中小企业在融资过程遇到的所有问题都有法可依。例如在中小企业融资方面可制定《中小企业融资管理办法》，对中小企业相关的担保问题可出台《中小企业担保管理办法》，对中小企业互联网融资方面可制定《中小企业互联网融资法》或《互联网众筹管理办法》等等，将现实中的问题纳入法制管理的轨道，实施具体的指导。通过完善的立法建设和宣传工作，让中小企业明确自己的权利义务及违法处罚，规范治理中小企业融资环境。

（二）增强法律文件的可操作性

我国的传统文化特点导致我国的一些法律法规存在着模糊的特点，有些模棱两可的空间，当然适度的裁量权对于解决复杂的现实问题有一定的帮助。但也减少了执行的效率和效果。因此，政府所出台的法律法规规章及有关文件应加强量化方面的建设，对现实的指导意义会更大。

（三）增强法律的惩戒力度

有法可依要求法律法规的制定要全面细致，及时有效。执法必严是保证法律法规的执行程序严格、态度严肃，同时更应该体现严厉的惩罚，才能达到惩罚的目的。相比较市场经济发达国家的法规，我国的违法成本较低，惩罚措施较轻，当然惩治效果也就不会太好。这导致了一些风险的出现和不可控制，因为冒险的成本较低，违法的结果可以化解。比如：P2P网贷中的违法问题，给一些恶意诈骗的人钻了法律的空子，同时即使暴露也未得到太严重的惩罚，几年牢狱之灾反倒是帮助他们化解了债务，洗白了罪名，出来依旧过富日子。建议对新修订的《中小企业促进法》中增加制定违法责任部分，明确对侵犯中小企业合法权益的责任主体及行为的处罚措施，切实达到惩戒的目的。

（四）加强中小企业信息化建设

与中小企业融资、生产、经营密切相关的各种信息的公开、使用应是政府为社会提供的"公共产品"之一。我们已经知道信息的不对称是中小企业融资难的主要原因，然而有些企业信息是极端私有化的，企业主不愿意公开，只有金融机构深入调查才能部分掌握且据为自用，也不愿意与其他机构共享。但对中小企业的历史信息及群体性的信息的收集整理则是政府可以做到的，这些信息对于金融机构和潜在投资者具有重要参考价值，在一定范围内根据需求和企业同意是可以公开共享的。政府如对这些信息再进行分析和加工形成中小企业融资状况及分析报告，对一些违约的企业信息可查询，则会大幅节约信息获得的成本。政府应投资搭建这样的信息平台，定期予以公开，以增强中小企业信息的透明程度，这对于中小企业自身的发展及融资决策也有重要的指导意义。

三、加强市场环境和金融制度建设

从之前所作分析可以看出，中小企业融资与政府政策之间有密切的联系。具体总结为表9-2：

表9-2　中小企业融资渠道与政府政策的关系

	资金来源	相关政府政策
权益性融资	初始资本	准入政策，保证公平竞争的法律法规
	天使投资	融资政策规定，保护商业合同的法律法规
	保留盈余	税法、税收及减免政策、会计审计制度
	私募投资	私募管理、产权交易市场、柜台交易规则
	风险投资	公开股票市场各板块的发展
	首次公开发行	进入条件、监管制度
债务性融资	银行贷款	信用系统、中小银行管理、信贷担保体系、浮动利率制度、银行等融资和资产转换的管理规定
	商业信用贷款	合同法及诉讼的成本及执行效率性规定
	企业主贷款	个人利用、抵押贷款的有关规定
	间接融资　民间借款	对非正规金融的管理及维护借贷合同的法律法规
	间接融资　内部借款	
	债务发行　发行商票	信用评级相关的管理规定
	债务发行　发行债券	规模、利率管理规定，债券交易的规定

在健全政策体系进行引导时要注意政策之间的协调性和次序，有些政策对中小企业的融资影响是多方面多环节的。例如：准入政策行业壁垒不仅影响中小企业的成立，更影响以后的融资。又如一些非正规金融行为因其得不到法律的保护，其发展也无从谈起，更发挥不了规模效益。这些都要求政府应科学对

待这些与生俱来的融资活动，为这些活动搭建良好的"基础设施"，比如建立与之相联系的产权和资产交易市场，这在发达国家已有成功经验。

四、加快完善多层次资本市场

我国中小企业直接融资较少，不能充分发挥直接融资高效、快捷、长期、稳定、性价比高的特点。大力发展直接融资同样需要出台有力措施，加快完善多层次资本市场是当务之急。完善多层次资本市场的建设需要从多方面着手，其中注重结构化管理应是重中之重，因为多层次市场内部结构复杂，而且在每一个市场内部又包含着多个层次。另外在参与主体、监管体系及操作程序方面同样存在多层次和多样性，这使资本市场的建设复杂而艰巨。因而，完善多层次资本市场，解决中小企业融资问题建议从以下几个层面入手：

（一）着力推动股票市场发展

经过分析，我国的中小板和创业板对中小企业的直接融资作用和规模助推力不足。2019年推出科创板并在发行制度方面有所创新，接下来创业板要加快改革，为鼓励创业创新要允许未盈利的企业上市，投资者管理制度要适度调整。应对新三板加快改革步伐，增加交易金额和频次，对分层及转板制度作出重要推进，对转板条件和制度设计要更加结合实际，以企业未来潜力和行业发展趋势为主要条件，不必限制过去的业绩。对注册制改革的推进要有实际举措，可在一个板块试行，积累经验逐步推广。对区域性股权交易市场可以充分放开发行和交易限制，成为真正的场外交易市场，增加活跃度和吸引力。鼓励中小企业进入区域性股权交易市场，可以开展电子化交易，使发行交易更加便捷，操作更加灵活，融资功能更加有效。

（二）发展并规范债券市场

扩大中小企业各种债券市场的规模，可以尝试取消中小企业债券发行的审批，采取登记备案制。对资产信用评估合格的中小企业在确定具备还款能力的条件下可以到市场上发行，其价格市场自然会给出的。对中小企业私募债更是没有必要行政审批，交由市场自主决定，一些受市场和投资者认可的产业企业会受到欢迎，一些新三板的公司也应该可以发行私募债，对原有多个部门层层审批的债券管理体制进行改革，努力形成由市场来决定企业发债、交易的机制，只要依法依规做好管理即可。

（三）充分发挥场外市场的作用

对进入各板块不符合条件的中小企业可以开放场外交易市场。其实场外市场本来就是多层次资本市场的重要组成部分，一些达不到公开上市条件的中小企业完全可以在场外市场取得股权融资。场外市场也可以对中小企业进行辅导，为公开交易所市场储备资源。另外场外市场也可以为退市公司的后续处置提供空间和方式，充分保护投资者利益。总之，场外市场的股权交易等方式可以充分发挥为中小企业提供直接融资，补充完善交易所市场的作用。

（四）发挥新兴融资市场的作用

以更加包容和支持的态度引导和管理互联网金融、供应链金融的优势，支持股权众筹项目，容许P2P形式的合理存在。要发挥私募市场主体多元、流程简单高效、投资者合适的优点，大力发展私募股权投资基金、风险投资基金和产业基金等为不同发展阶段各种类型的中小企业提供股权融资，从而补充正规金融体系的不足。

五、进一步规范完善信用担保体系

从国际经验来看，各发达国家为中小企业融资发展建立了有效的信用担保体系，其中政府担当着重要的责任。这是因为中小企业在解决就业方面为政府缓解失业压力的作用要大于大企业。从实际结果上看，中小企业信用担保体系较健全、政府支持力度较大的国家失业率也较低，反之，失业福利较高而中小企业信用担保体系相对较弱的国家，失业水平却较高。政府设立信用担保计划，实质上是为全社会提供一个缓解就业压力的"公共产品"。建立自上而下的担保体系需要政府的顶层设计及实施，建议从以下几个方面着手：

（一）加快建设中小企业信用评价体系

加快建设中小企业信用评价体系，降低信息不对称程度，对提高中小企业融资效率是极其有效的，政府在这方面有义务也具备优势。

1.建立中小企业数据库

政府通过协调金融、工商、税务等部门，将各自掌握的有关中小企业的信息和数据整合成一个全国范围内的中小企业信用信息系统，为中小企业融资信用评级作好准备。此外，对于中小企业主本人的信用信息也要加强披露和监管，一方面使金融机构及时有效获得中小企业及其企业主的各种信息，以便对企业进行综合评估，另一方面利用诚信信念约束，使中小企业加强信用积累。

2.建立中小企业信用评价体系

探索建立客观公正可行的中小企业的信用评价指标体系，搭建信用展示平台。可以运用信息技术和金融机构的风险评估技术，形成评级的动态管理和预警系统，发挥现实的指导作用。

3.加强征信评级机构的管理

我国已经产生了专门搜集处理中小企业信息数据的公司，把信息经过技术加工成各种信息产品，为相关金融机构等资金方提供评级报告。对此，既要发挥此类公司的积极作用也要加强规范管理，防止不良现象的发生。

4.规范对信用评级中介机构的管理

信用评级中介机构的作用对于融资方和投资方都是十分重要的，增强其公信力至关重要。目前我国正在增加信用评级机构的数量，以提高其质量，建立起能够满足中小企业需要的数量适当、公信力强、竞争力强、能够得到各方面认可的客观公正的评级机构。

5.加强征信环境建设

对征信机构的运作、信息主体的行为要加强宣传教育和法制普及，创建良好的信用环境。按相关法规由政府有关部门制定中小企业融资信用监督措施，执法部门负主责，金融机构协助，采取联合制裁逃废债行为，运用社会舆论监督的力量，定期向社会公布。

6.加强失信惩罚力度

加大中小企业的违约成本，减少违约现象，减少制假售假、不履约守约、欠债不还的现象。

（二）加快信用担保体系建设

借鉴国际经验，进一步推进政策性担保体系建设。国家应出资为政策性担保公司提供再担保，可将现有的各种中小企业补贴进行整合，发挥担保补偿金的作用。加快完善中小企业信用担保体系，在全国上下形成网络式覆盖。同时加强各级各类中小企业信用担保公司的专业化水平和风险管理能力，在合理范围内提高担保倍数，为中小企业获得更多资金支持。鼓励行业协会、信用互保合作团体等非营利组织为中小企业提供融资担保服务，政府应通过制定政策法规，给予指导和管理，争取在财政上给予补贴和税费优惠。同时加强对中小企业主个人的评估和授信，也可以通过发放个人贷款支持中小企业。加快建立担保的二级市场，为担保再担保业在扩大反担保物的同时，为担保公司反担保物的处置建立渠道，化解担保公司业务风险。注重探索和应用新的担保模式。如

"担保换股权"和"期权"模式,延伸担保服务范围,这样会使担保机构与中小企业的合作更加深入。

第二节　市场层面

一、完善金融基础设施

做好金融市场的基础设施完善工作至关重要,这也是金融供给侧结构性改革的应有之义。完善金融基础设施不仅要求建立更多更有效的金融机构,而且更重要的是对金融供应的现有效率效果改革,使之更加有效、顺畅、高质量。

首先,要深入推进利率、汇率改革。这项任务复杂艰巨但仍要持续推进。保证收益率曲线不扭曲,使我们所有的金融产品和服务都能够有效,从而避免一些无效的经济行为减弱经济发展效率。在面对中小企业融资时应做到观念重视、行动领先,针对中小企业客户融资的特点出台相应的信贷扶持政策,灵活掌握信贷利率,接受市场检验的效果。国有商业银行可将为中小企业贷款的业务单独考核,发挥分支机构的优势,调动其积极性,下放贷款审批权。其次,明确监管职责,理顺各种关系。其中监管政策与国家的经济战略、产业政策之间要一致,要与宏观调控政策保持一致。放活发展各级中小规模金融机构,吸引民间资本进入,参与经营,金融市场的优胜劣汰也是必然趋势。从上市的城市商业银行的经营表现看,这些银行经受住了市场的考验,加强了自身的完善,为中小企业提供了比原来更有效的服务。再次,加强制度基础建设的保障作用,提高对中小企业融资服务的效率,提高现有制度的适应性改革。

二、培育中小金融机构

无论从长期互动假说等经济学理论还是现实经济发展的状况出发，中小金融机构的建立和发展都对中小企业的融资具有其合理性和可行性。发展中小金融机构会对中小企业融资的长期稳定形成有力的支撑。上一章的对比分析中指出，各发达国家均有专门对中小企业提供专业化服务的金融机构。我国目前也对银行提出了支持中小企业贷款的要求，有的也成立了相关业务部门，加大了对中小企业的专业化服务，但是相对于企业需求来说还是不够的。贷款审批的流程和权限并没有实现专业化、独特化。我国应建立专门的中小企业政策银行，并形成从中央到地方的层次机构，从股东介入、运营管理、服务对象、服务流程等方面量身打造适合中小企业发展的模式，从根本上提升金融机构为中小企业服务的供应量。

要对民营银行、村镇银行、小贷公司等中小企业融资服务机构在做好管理的同时，加快民营银行等金融牌照的发放，增加这类机构的数量，支持其发展成专业中小金融机构；对村镇银行要放开民营股本的限制，改变大银行控股的局面，激发经营活力；鼓励小贷公司重点支持中小企业，要给予金融机构优惠待遇。

三、调整产品和服务结构

我国在金融工作会议上已经指出金融改革要以市场化为导向，满足不同主体的需要。落实到具体的就是大力开发适应市场需求的"非标"的产品和服务。近两年来为了防范金融风险，金融监管逐渐增强，把一些非标的产品纳入合规的范畴。但是，随着我国进入高收入国家的步伐加快，个人和中小企业的融资需求日益多样化、多元化，这就要求我们的金融机构必须围绕产品创新作努力，在学习引进国外金融机构经验的基础上开发出具有中国特色的适合中小企业的产品与服务。具体可在以下几个方面改进：

（一）放宽抵押担保品的范围

中小企业最初起步由于资本少所以从经营的现实需求出发，大多不具备投资固定资产如房产、土地方面的能力，多采取租用的形式以迅速地进入生产流程，造成中小企业资产中不动产占比较低，满足不了我国银行不动产抵押的要求。银行的理由是动产的追索涉及所有权，但我国在《物权法》中已经明确了动产的担保物权，动产抵押融资具备法律条件，但银行仍然不放开动产抵押，本着省心省力的原则，即使接受部分机器设备，抵押率也是很低的。其实中小企业的动产范围很多，对其经营也发挥着重要的作用，业务流程中的资金甚至包括知识产权、股权、收费权等权益都足以促进中小企业高度重视，为赎回而努力还款。抵押担保的目的主要是促进企业还款，其次是考虑处置抵押品，在竞争充分的市场中，对风险把控考量银行的经营水平。从其他国家的经营看，担保贷款中约有70%～80%是企业的动产担保，其实鼓励动产担保会极大地改善我国中小企业融资的状况。

（二）发展组合销售贷款

目前我国银行的经营方式，大多对中小企业贷款前的调查和贷款中的审批严格把关，而对其贷款后的跟踪管理相对薄弱，尤其是对中小企业的经营和资金使用情况过于放松，这对出现在贷款后的道德风险防范不足。学习国外银行的一些经验，有些银行开展了交叉销售的业务，形成组合销售贷款，努力把一个中小企业的业务做深做透，银行不仅能够扩大收益，而且能够获得信息，降低企业道德风险，保持业务长期稳定。

组合销售贷款就是银行在给中小企业提供贷款的同时，为企业一并提供结算、代发工资、代交保险、个人信用卡等一系列捆绑服务，在这个过程中全方位地了解企业的经营状况和财务信息，能够有效减少信息不对称并及时敏感地发现和预防风险,在提高收益的同时,与企业建立并保持长期稳定的业务关系。

(三)鼓励中小企业贷款资产证券化

从银行的角度出发,对中小企业的贷款难仍然源于对其风险的谨慎,为此可采取有效化解和转移的创新途径,对中小企业贷款进行资产证券化就是有效的途径之一。这项业务可参照其他资产证券化的操作模式,将中小企业的贷款打包出售给SPV公司,这样会极大地降低发行人破产后对银行的风险累积,实现与其他资产的隔离。SPV公司会将信贷资产进行信用升级,组合或拆分成不同等级的债券在债券市场发行,该模式使债券持有人对银行这样的原始权益人没有了追索的权利。银行将中小企业破产的风险进行了转移,贷款债权也及时转为了货币回笼,提高了资本充足率,债权也从资产负债表上消除了。中小企业贷款资产证券化有效地隔离了银行的风险,可以说解除了银行对中小企业贷款的最后顾虑,国家应尽早出台和完善相关的法律法规,以保障此项业务得到支持,同时降低资产证券化的成本并大力发展债券市场,保证债券市场的良性运行,实证证券化产品的有效交易度和活跃度。

(四)加强信贷产品创新

银行一般通过上浮利率以较高的综合回报来覆盖中小企业的风险和信贷规模不经济的问题,因此大多数中小企业只能接受高于基准利率的浮动利率。银行应加大对中小企业贷款中信用贷款的比例和个人信用及居民抵押贷款。据统计,我国在这种贷款类型的规模上远远小于发达国家,其实随着我国居民财产的增长和生活水平的提高及社会保障能力的完善,个人信用及抵押贷款的违约率比较低,也可以解决一部分中小企业的内源性融资问题。同时在操作方式上,给予一定的灵活性和延长期以及借新还旧的支持措施,也可增加核定信用额度提供有效抵押期间内的循环贷款。此外,向国际先进银行学习服务项目,如财务管理、咨询评估、投资理财等,加快利用互联网建设网络银行的步伐，并可依托网络交易、支付的数据和信息建立中小企业和业主信息库，为一些金额小、无抵押的中小企业和创业者个人提供贷款以缓解一部分中小企业的融资难问题。

（五）创新融资方式和工具

在我国经济当前的发展阶段，中小企业发展中的融资问题更为突出，突破传统融资渠道大胆创新也是应该给予鼓励的方式，尤其是在现有财政政策扶持下，充分利用合理合法的渠道，拓展中小企业融资的方式和工具，会减轻财政负担，形成中小企业融资的突破口。例如：开展中小企业集合票据。集合票据适应中小企业融资需求"短、平、快"的特点，能够将众多中小企业列为共同参与主体，利用了票据融资的低成本优势，具有创新的特点，同时增加了银行的中间业务收入，加强了银行与地方经济的联系；鼓励扩大融资租赁发展的规模，发挥其门槛低、灵活性、无须担保、方便易行、成本较低等优点，促进贸易性融资发展。这些有规则的创新方式和工具在缓解中小企业融资难方面发挥了积极作用。此外要加大对风险投资、互联网金融、供应链金融的研究和管理，尤其是对P2P等目前问题较多的领域重点关注，研究适合的管理方式方法，保证各种新型融资工具能够良性发展，充分发挥缓解中小企业融资难状况的作用。

（六）发展中小企业债券

中小企业利用债券融资并在我国债券市场中占有一席之地形成了非常重要的融资渠道，发挥着直接融资的优势，可优化资源配置。目前仍存在着一些受约束的情况，应该积极调整大力促进这种融资方式的发展。

首先要扩大中小企业债券的规模和比例。目前中小企业发债的规模和比例不仅相对于债券市场很小，而且相对于中小企业的融资需求也是不足的，为增强中小企业发债的积极性和投资者的信心，大力提升中小企业债券发行规模和所占比重势在必行。其次要加强政策支持。政府应用财税政策减免或者贴息来鼓励中小企业发债，同时中小企业债券的投资者也应该给予一定的免税政策，维护市场的监管政策也要适度宽松，形成良好的市场导向。再次要落实信息披露制度。政府可以协助企业做好信息的监管和披露。同时要加大对信息虚假、误导等行为的处罚力度和追责，也可以利用互联网、大数据来建立信息平台共享企业信息和加强披露制度建设。最后要加强风险防范，建立违约处置机制。在契约中可写入一些附加条件或利息支付保障条款来控制违约的损失率，提醒投资者理性投资，也可将政府代偿一部分债务作为违约风控的保障机制。另外可以探索具备股转条件的债券，也可以从优化投资者结构等方面入手。总之，做大做好中小企业债券市场是解决中小企业融资难问题非常有力的措施。

四、运用金融科技的发展

我国目前在互联网、云计算、大数据、区块链等方面发展处于世界前列，这正是我国的后发优势，但将这些技术与现有的金融发展水平相结合、相匹配还有一个契合度的问题。否则就会出现不良的现象，比如互联网金融，P2P目前发展的窘境。普惠金融需要"金融科技"的支持，为其扫清一些障碍，金融科技的作用如下：

（一）金融科技提高信息获取的数量

通过金融科技能够对服务对象的各方面相关信息进行掌握，包括服务对象的信用等，这样有利于缓解放款前信息的不对称，从而减少了逆向选择和道德风险，对金融机构来说降低了风险。

（二）金融科技提高金融服务的效率

科技的力量使数字化的方式相对于传统业务手段在效率上更高，减少了金融机构的成本。无论是事前的调研还是事后的监督，金融科技手段的运用使金融机构节约了人力成本、业务成本。

（三）金融科技可以扩大服务对象的范围

一些中小企业或个人可以通过日积月累的信用痕迹来完成自我的信用积累，通过金融科技手段的收集、整理、分析、分配，能够满足金融业务发展所需要的基本要素。这样使一些原本得不到金融服务的中小企业和个人通过信用积累获得了接收金融服务的资格，扩大了金融服务的范围，这也是使金融变普惠的根基所在。

（四）金融科技对各专项金融发展起到推动和监督的作用

供应链金融中金融科技的力量是不可或缺的，在供应链的上下游企业的业务来往中，金融科技的应用对真实贸易背景和票据凭证等的运行和监督是防范金融风险的有力保障。金融科技对科技金融的推动作用巨大。在科技转化为生产力的长链条全产业链过程中，同样要靠金融科技的力量。金融科技与科技金融互相融入、互相促进。

五、充分发挥非营利组织的作用

社会团体、行业协会、地方商会、企业联合会等非营利性组织大多是中小企业自发组织起来的，作为其连接政府与市场的桥梁发挥着不可低估的作用。一方面这些组织与中小企业距离近，接触多，了解深，信息比较充分，同时也深得中小企业信任；另一方面代表中小企业群体与政府和市场沟通具有规模经济性，在互相传递信息、沟通意见、落实政策方面具有效率。所以要支持和促进这些非营利组织的作用，加强信息的收集整理和交流成为政府信息平台建设的搜集器。另外，可以借助非营利组织的凝聚力，推动中小企业形成联合担保或贷款，相互借力，降低交易成本和违约风险。

六、贯彻落实"竞争中性"的市场原则

竞争中性原则就要求对各种所有制的企业、人员等采用同样的标准，不搞任何的歧视和特别支持。在国内，对国有、民营、外资等背景的各种主体实施一律平等的原则，这对于民营背景居多的中小企业来说是有积极意义的。当然这不仅是对金融系统治理水平的考验，更是对我们整体经济管理水平的考验。

第三节　企　业　层　面

一、加强规范管理，重视财务信息

中小企业为融资需要完善的地方很多，目前我国工信部提出中小企业要走"专、精、特、新"发展之路。在企业内部管理方面要加强规范化，才能增强外部融资能力。中小企业的所有权和经营权的过度集中成为阻碍其长远发展的重要影响因素，为此建议中小企业要正确处理企业所有权和经营权的关系，做好企业法人治理结构的安排，即使中小企业起初觉得没必要，但只要想发展就非常必要。首先，在作较重大决策时，最好采取集体决策的形式，发挥职业经理人的作用，防止企业家个人意志的一时冲动，要形成科学决策机制，提高企业的现代化管理水平。其次，最好实施动态管理。根据企业面临的发展阶段及内外环境的变化，及时调整、修订、完善管理制度。要善于总结，使企业制度具有权威性、有效性和可行性。中小企业在制定管理制度时不要片面追求规范性，要结合企业实际，从实用角度出发，另外不要片面复杂化，形成清晰、简单有效的制度即可。最后，在财务制度管理上要提高标准，按市场要求的标准

和条件高度规范，即使花些成本也是值得的，只有这样才能为企业融资打下良好的财务基础。

二、增强竞争力，实现可持续发展

中小企业融资难题不可能一次性解决也不可能全部解决，为此企业要为解决融资问题完善自身结构和功能，增强竞争力，保证企业长期健康发展。要加大企业规模与实力，努力提高中小企业的盈利能力，扩充内源性融资的规模，提升企业影响力和美誉度。要提高融资专业能力水平，发挥信息灵、思路活的优势，主动与金融机构加强交往，及时沟通，建立牢固信任关系；提高融资专业化水平，加强培养专业化人才；制定有效的融资策略和企业发展战略。这些切实有效的战略和策略会使企业得到金融机构及金融市场认可的能力大为提高。要促进产融结合，提高企业融资项目的前瞻化水平，为实现可持续发展，主动提高自主创新能力。首先要强化全员创新意识；其次要打造企业家精神，树立开拓创新的形象，带领企业转型升级；再次要学会借鉴其他企业的宝贵经验，引以为用，落地生花。要注重产权制度改革，利用改革发展时机通过改组改制、联合兼并等多种形式增强实力，提高竞争力。

三、提高企业信用，加强信息管理

市场经济就是以信用为基础的经济模式。中小企业要想长期稳定发展务必要遵守信用规则，注重企业声誉，约束不良行径，保证会计信息真实可靠，从根本上改善企业的形象；与各种金融机构争取良性互动和稳定的关系，用正常手段提高信用评级。

要注重企业的信息建设，中小企业作为在市场中自我生存发展的主体，要密切捕捉和掌握市场各方面的信息，对信息的管理工作包括信息来源渠道及搜集整理甄别等基础工作要加强，同时对自身信息与市场其他企业的合作交流要给予重视。有可能要成立专门信息服务部门，为各种市场及内外部信息建设提供组织保障。另外中小企业应发挥"船小好调头"的优势，敏锐掌握市场动态和政策方向，对自身的经营战略和策略及时进行调整，以便化解各种风险。从自身企业不同生长周期和发展阶段以及行业特点等实际情况出发，客观合理地制定企业发展战略，对投资决策和目标作出准确判断，科学制定融资的各项策略，并保证准确地贯彻实施，才能使融资在企业成长的各个阶段发挥应有的作用。

四、培养企业家精神，建设良好企业文化

当前，我国中小企业的传统优势逐渐退去，面临着新经济状态下生存发展的动力转换，其中企业文化和创新机制成为不可替代的重要源泉。因此，中小企业要想长期稳健发展，务必在企业文化打造上下功夫，要结合企业的长远目标和经营现状，开展独具特色的文化建设，才能保证企业具有源源不断的动力和无形的支撑力量。

要树立和发扬企业家精神。中小企业主是企业生存发展的核心，要大力培养一批素质高、能力强、站位高、有远见的中小企业家，这些中小企业的掌控人对企业的发展制定合理客观的战略并逐步实施，对企业的融资行为进行科学的策划，确定目标和原则，明确期限和成本，知道如何实施才能实现最优资本结构，论证融资计划的可行性并正确实施；要以先进的文化理念为方向，在注重经济效益的同时强调社会效益的统一。在充分认识企业文化的价值与作用的基础上，根据企业自身的特点、独特的经历和未来的愿景形成独具特色的企业文化。要注重人力资源的投资开发和利用，一是要摒弃家族管理的弊病，调动职业经理人为企业作贡献的积极性。二是加强对掌握企业投融资专业知识、拥有相关资质和良好资源的人才培养，运用人力资源开发利用的策略，留住人才。

三是做好薪酬体系的计划及落实，运用好股权期权激励方法。

五、积极参与混合所有制改革

在经济发展新旧动能转换的特定阶段，我国中小企业经历着巨大的内外环境因素的变化，不仅难以应对而且严重影响着中小企业下一步的发展，当前国企改革中进行的混合所有制改革也许是中小企业寻求突破的一个重要契机。

在当前国有企业混合所有制改革推进中，中小企业可以与国有企业形成优势互补，借此转变自身的发展方式。对中小企业来说，首先，可以借助国有企业在资金、技术、人才、品牌等方面的优势提升自我发展的质量。其次，借助国有企业完善的制度和规范的管理经验，帮助中小企业管理走向现代化、规范化，因为产权的多元化会使权力制衡、监督，促进企业提高发展质量。再次，借助国企的信息和政策优势，改善发展环境。由于中小企业自身对政府鼓励政策和措施理解不到位，会造成政策效果的不到位，参与国企混改，形成混合所有制经济的优势能够使信息和政策共享，中小企业利用好政策，打破身份限制，进入一些行业，获得在税收、融资等多方面的机会。

改革开放40多年来，我国的中小企业发挥自身特色和优势，为国家经济稳定健康发展作出了重要贡献，在世界经济的发展中彰显了中国力量，理应享有与之地位相对等的融资政策和营商环境。因此，中小企业要努力提高水平，政府应出台强有力政策措施，界定好与市场自我发展的边界，打造良好的中小企业融资环境，让中小企业更加长期稳定地为国民经济发展作贡献。

参 考 文 献

[1] Alen N Berger, Gregory F Udell. A More Complete Conceptual Framework for SME Finance[R]. World Bank Conference on Small and Medium Enterprises: Overcoming Growth Constraints, MCI3-121, October, 2004, 14-15.

[2] Anahí Briozzo, Diana Albanese, Diego Antolíquido.Corporategovernance, financing and gender: A study of SMEs from Argentinean Securities Markets[J]. Contaduría Administración, 2017(4-6):358-376.

[3] Baumol W J, Malkiel B G. The Firm's Optimal Debt-Equity Combination and the Cost of Capital Readings in Managerial Economics-6[J]. Quarterly Journal of Economics, 1967, 81(4):548-578.

[4] Baxter N D. Leverage, Risk of Ruin and the Cost of Capital[J]. Journal of Finance, 1967, 22(3):395-403.

[5] Beck, Thorsten. Small and Medium-sized Enterprises: Access to Finance as a Growth Constraint [J]. Journal of Banking & Finance, 2006(11):11-13.

[6] Berger A N, Udell G F. The Economics of Small Business Finance: The Roles of Private Equity and Debt Markets in the Financial Growth Cycle[J]. Journal of Banking and Finance, 1998, 22(6-8):613-673.

[7] Berger A N, Udell G F. A More Complete Conceptual Framework for SME Finance[J]. Journal of Banking & Finance, 2006,30(11):2945-2966.

[8] Berger A N, Udell G F. The Economics of Small Business Finance: The Roles of Private Equity and Debt Markets in the Financial Growth Cycle[J]. Journal of Banking and Finance, 1998,22:613-673.

[9] Berger A N. Relationship Lending and Lines of Credit in Small Firm Finance [J].Journal of Business, 2013,68:351-382.

[10] Boot A, Thankor A. Financial System Architecture[J]. The Review of Financial Studies, 1997,10(3):693-733.

[11] Chakraborty I. Capital Structure in An Emerging Stock Market: The Case of India[J]. Research in International Business & Finance, 2010, 24(3):295-314.

[12] Charles, Haynes George. Acquisition of Additional Equity Capital by Small Firms—Findings from the National Survey of Small Business Finances [J]. Small Business Economics, 2006(6):52-53.

[13] Cole R A, Goldberg L G, White L J. Cookie-cutter Versus Character: The Micro Structure of Small Business Lending by Large and Small Banks[J]. Journal of Financial and Quantitative Analysis, 2004,39(2):227-251.

[14] Cortell A P, Peterson S. Limiting the Unintended Consequences of Institutional Change [J]. Comparative Political Studises, 2001,34(7):768-799.

[15] David J, Denis. Entrepreneurial Finance: An Over view of the Issues and Evidence[J]. Journal of Corporate Finance, 2004(10):301-326.

[16] Fama E F, K R French. Taxes, Financing Decisions, and Firm Value[J]. Journal of Finance, 1998, 53(3):819-843.

[17] Fluck Z. Optimal Financial Contracting: Debt versus Outside Equity[J]. Review of Financial Studies, 1998, 11(2):383-418.

[18] François Abel. The Political Entrepreneur and the Coordination of the Political Process:A Market Process Perspective of the Political Market [J].The Review of Austrian Economics, 2003,16(2-3):153-168.

[19] George Valença, Carina Alves. A Theory of Power in Emerging Software Ecosystems Formed by Small-to-medium Enterprises[J]. Journal of Systems and Software,2017(12):76-104.

[20] Gonzalo Guillen, Mariana Badell. A Holistic Framework for Short-term Supply Chain Management Integrating Production and Corporate Financial Planning[J]. International Journal of Production Economics, 2007,106(1):288-306.

[21] Graham J R. Proxies for the Corporate Marginal Tax Rate[J]. Journal of Financial Economics, 1996, 42(2):187-221.

[22] Graham J R, Harvey C R. The Theory and Practice of Corporate Finance: Evidence from the Field[J]. Nankai Business Review, 2009, 60(2-3):187-243.

[23] Gregory B T, Rutherford M W, Oswald S, et al. An Empirical Investigation of the Growth Cycle Theory of Small Firm Financing[J]. Journal of Small Business Management, 2010, 43(4):382-392.

[24] Jensen M C, Meckling W H. Theory of the Firm: Managerial Behavior, Agency Costsand Ownership Structure[J]. Social Science Electronic Publishing, 1976,3(4):305-360.

[25] Kellee S Tsai. Financing Small and Medium Enterprises in China: Recent Trends and Prospects beyond Shadow Banking[J]. Hkust Iems Working Paper, 2015.

[26] Kraus A, Litzenberger R H. A State-Preference Model of Optimal Financial Leverage[J]. Journal of Finance, 1973, 28(4):911-922.

[27] Leora Mapper. The Role of "Reverse Factoring" in Supplier Financing of Small and Medium Sized Enterprises[R]. World Bank, September, 2005, 102-103.

[28] Mackie-Mason J K. Do Taxes Affect Corporate Financing Decisions?[J]. Journal of Finance, 1990, 45(5):1471-1493.

[29] Marilex Rea Llave.Business Intelligence and Analytics in Small and Medium-sized Enterprises: A Systematic Literature[J]. Review Telecommunications Policy, 2017(2),49-67.

[30] Mickael Comelli, Pierre Fenies, Nikolay Tchemev. A Combined Financial and Physical Flows Evaluation for Logistic Process and Tactical Production Planning: Application in A Company Supply Chain[J]. International Journal of Production Economics, 2008,112:77-95.

[31] Miller H M. The Modigliani-Miller Propositions After Thirty Years[J]. Journal of Economic Perspectives, 1988, 2(4):99-120.

[32] Miller M H, Modigliani F. Corporate Income Taxes and the Cost of Capital: A Correction[J]. American Economic Review, 1958, 48:261-297.

[33] Modigliani F, Miller M H. Corporate Income Taxes and the Cost of Capital: A Correction[J]. American Economic Review, 1963(3):433-443.

[34] Modigliani F, Miller M H. The Cost of Capital,Corporation Finance, and the Theory of Investment [J]. American Economic Review, 1958(3):261-297.

[35] Myers S C. Capital Structure[J]. Journal of Economic Perspectives, 2001, 15(2):81-102.

[36] Ozkan A. Determinants of Capital Structure and Adjustment to Long Run Target: Evidence From UK Company Panel Data[J]. Journal of Business Finance & Accounting, 2010,28(1-2):175-198.

[37] Peterso, M Rajan. The Benefits of Firm-creditor Relationship: Evidence from Small Business Data[J]. Journal of finance, 1994,49:3-37.

[38] Shun-Jen Hsuch, Yu-Hau Hu, Chien-Heng Tu. Economic Growth and Financial Development in Asian Countries: A Bootstrap Panel Granger Causality Analysis[J]. Economic Modelling, 2013,32(5):294-301.

[39] Solomon E. Leverage and the Cost of Capital[J]. Journal of Finance, 1963,

18(2):273-279.

[40] Susan Teo, Serene Cheong. Economics , Finance and Management [J]. Journal of Enterprising Culture, 2001(6):28-31.

[41] Steinmetz L L. Critical Stages of Small Business Growth: When They Occur and How to Survive Them[J]. Business Horizons, 1969,12 (1):29-36.

[42] Stiglitz J E. Some Aspects of the Pure Theory of Corporate Finance: Bankruptcies and Take-Overs[J]. Quarterly Journal of Economics, Bell Journal of Economics, 1975,6(2):711-714.

[43] Stiglitz J E, Weiss. Credit Rationing in Markets Imperfect Information [J]. The American Economic Review, 2005:393-410.

[44] Turnbull S M. Debt Capacity[J]. Journal of Finance, 1979,34(4):931-940.

[45] W Bolt, D Humphrey. Bank Competition Efficiency in Europe: A Frontier Approach[J]. Journal of Banking Finance, 2010(8):1808-1817.

[46] Walid Klibi, Alain Martel, Adel Guitouni. The Design of Robust Value -creating Supply Chain Networks: Acritical review[J]. European of Operational Research, 2010,203(2):283-293.

[47] Weston J F, Brigham E F. Study Guide to Essentials of Managerial Finance / por J F Westen y E F Brigham (Fort Worth: Dryden Press,1970).

[48] VCtrotter. PE化的中国VC[J]. 投资与合作，2007（12）：32.

[49] Zuqlurnain Ali. 供应链金融对中小企业绩效影响的实证研究[D]. 合肥：中国科学技术大学，2018.

[50] 安春梅. 西方发达国家中小企业融资模式及其启示[J]. 西北大学学报（哲学社会科学版），2009，39（5）：73-75.

[51] 白君易. 互联网金融支持中小企业融资机制研究[D]. 郑州：河南工业大学，2016.

[52] 曹晓朋. 互联网金融对我国中小企业融资影响研究[D]. 西安：西北大学，

2018.

[53] 柴玲. 京津冀中小企业融资面临的问题与应对措施[D]. 天津：天津商业大学，2019.

[54] 车伟娜. 基于中小企业各发展阶段的生命体特征的融资研究[J]. 中国证券期货，2013（4）：343.

[55] 陈成天. 支持中小企业融资的财政政策研究[D]. 北京：财政部财政科学研究所，2015.

[56] 陈海波. 中小企业的融资租赁研究[D]. 武汉：华中科技大学，2016.

[57] 陈建波. 资本市场对中小企业融资效率研究[D]. 北京：中央党校（国家行政学院），2019 .

[58] 陈界名. 区块链技术对供应链金融风控的优化[J]. 经济师，2019（1）：29-31.

[59] 陈莉洁. 我国中小企业融资的地区差异分析[J]. 南方金融，2007（8）：62-63.

[60] 陈诗，李晨露，赵旺，等. 区块链技术助力中小企业融资[J]. 金融视线，2019（5）：59-60.

[61] 陈晓红，黎璞. 中小企业融资结构影响因素的实证研究[J]. 系统工程，2004（1）：60-64.

[62] 陈晓红，刘剑. 不同成长阶段下中小企业融资方式选择研究[J]. 管理工程学报，2006（1）：1-6.

[63] 陈啸. 农村中小企业融资体系研究[D]. 太原：山西财经大学，2013.

[64] 陈忻怡. 基于互联网金融的中小企业融资模式创新[J]. 时代金融，2018（6）：104.

[65] 陈旭炜. 产业集群与中小企业融资——基于浙江的实证研究[D]. 杭州：浙江大学，2013.

[66] 陈奕霏. 互联网金融模式下中小企业的融资问题探析[J]. 全国商情，2016

（31）：71-72.

[67] 迟宪良. 中小企业融资困境与对策研究[D]. 长春：吉林大学，2007.

[68] 仇荣国. 中小企业存货质押供应链金融博弈及数值分析[J]. 企业经济，2014（3）：102-105.

[69] 崔玲. 基于融资效率的中小企业融资模式研究[D]. 青岛：青岛大学，2017.

[70] 单传梅. 中小企业融资困境与对策分析[D]. 济南：山东大学，2013.

[71] 邓黎桥，王爱俭. 供应链金融缓解中小企业融资约束：理论与实践[J]. 国际金融，2019（5）：23-28.

[72] 邓璐. 我国中小企业融资能力的地区差异研究[D]. 长沙：中南大学，2012.

[73] 丁若凌. 互联网金融平台风险管理评价及案例研究[D]. 杭州：浙江大学，2019.

[74] 董晓蒙. 基于互联网的中小企业供应链融资模式研究[D]. 杭州：浙江大学，2016.

[75] 董治. 德国中小企业融资体系研究[D]. 北京：中国社会科学院研究生院，2017.

[76] 杜夏婕. 我国中小企业融资租赁的问题及对策分析[J]. 商讯，2018（2）.

[77] 段凯佳. 互联网背景下中小企业供应链金融及风险控制的案例研究[D]. 广州：广东财经大学，2017.

[78] 范诗洋，钟培武. 供应链金融支持中小企业融资的路径分析[J]. 金融纵横，2019（6）：83-86.

[79] 费超群. 互联网金融背景下我国中小企业融资研究[D]. 苏州：苏州大学，2018.

[80] 费亚磊. 供应链金融背景下的制造商决策[D]. 合肥：中国科学技术大学，2018.

[81] 高文娟. 我国中小企业运用融资租赁研究[D]. 厦门：厦门大学，2016.

[82] 高亚俊. 传统银行应对互联网金融挑战的对策研究[J]. 全国流通经济，

2017（27）：61-62.

[83] 龚菲. 互联网金融对我国中小企业融资约束的缓解效应研究[D]. 西安：西北大学，2019.

[84] 顾敏. 电商企业供应链金融创新运作模式探讨[J]. 商业时代，2015（18）：86-88.

[85] 郭劲军. 融资租赁在中小企业融资中的应用[J]. 资讯，2019（3）：193-194.

[86] 侯雅淳. 基于互联网金融模式下中小企业融资问题探讨[J]. 品牌，2015（9）：60.

[87] 胡浩. 我国中小企业融资困境成因分析及对策研究[J]. 品牌风标，2019（38）：38-39.

[88] 黄明刚. 互联网金融与中小企业融资模式创新研究[D]. 北京：中央财经大学，2016.

[89] 黄明刚. 互联网金融与中小企业融资模式创新研究[M]. 北京：中国金融出版社，2016.

[90] 黄双蓉. 解决中小企业融资难的对策[J]. 中国财政，2017（4）：79.

[91] 姬新龙，马宁. 混合所有制改革、产权性质与企业风险变化[J]. 北京理工大学学报，2019，21（2）：107-115.

[92] 纪玲珑，隋静. 股权众筹与小微企业融资[J]. 银行家，2016（7）：74-75.

[93] 贾思思. 我国中小企业融资问题及对策研究[D]. 北京：北京交通大学，2016.

[94] 蒋平. 中国中小企业融资担保制度问题研究[D]. 成都：西南财经大学，2011.

[95] 金欣雪. 我国金融生态评价及运行效率研究[D]. 北京：中央财经大学，2015.

[96] 金鑫. 金融生态环境之营商融资环境建设问题研究[J]. 经济观察，2016（8）：37-38.

[97] 赖荣华. 供应链金融发展对中小企业融资的影响研究[J]. 市场研究，2014（6）：4.

[98] 雷蕾，史金召. 供应链金融理论综述与研究展望[J]. 华东经济管理，2014，28（6）：158-162.

[99] 李德云. 浅析中小企业融资困境及解决方法[D]. 武汉：华中科技大学，2018.

[100] 李惠青，周祥. 区块链金融助力中小企业发展[J]. 经济师，2019（6）：51-52.

[101] 李倩，王晓静，何柏栋. 中小企业国际贸易融资存在的问题及解决措施[J]. 财经界，2019（9）：1.

[102] 李杉杉. 中国中小企业融资问题研究[D]. 大连：东北财经大学，2004.

[103] 李殊琦. 发展我国供应链金融业务的政策建议[J]. 金融与经济，2011（7）：36-39.

[104] 李文清. 基于投资者视角的股权众筹融资绩效影响因素研究[D]. 太原：山西财经大学，2019.

[105] 李小川. 互联网金融模式下中小企业融资问题分析[J]. 时代金融，2017（11）：143.

[106] 李扬，杨思群. 中小企业融资与银行[M]. 上海：上海财经大学出版社，2001.

[107] 李扬，王国刚. 中国城市金融生态环境评价报告[R]. 2006.

[108] 李旸，余梦娇. 我国银行系P2P发展现状与困境分析[J]. 国土资源科技管理，2016，33（5）：72-79.

[109] 李墨. 中小企业供应链融资成本影响因素的研究[D]. 广州：华南理工大学，2019.

[110] 连玉君，程建. 融资约束还是代理成本？[J]. 财经研究，2007，33（2）：10.

[111] 连玉君，苏治，丁志国. 现金—现金流敏感性能检验融资约束假说吗?[J]. 统计研究，2008（10）：92-99.

[112] 梁榜，张建华. 中国普惠金融创新能否缓解中小企业的融资约束[J]. 中国科技论坛，2018（11）：94-105.

[113] 梁滨. 我国中小企业融资困境研究[D]. 天津：天津财经大学，2014.

[114] 廖林. 区域金融生态系统基本性状模型研究[D]. 成都：西南交通大学，2009.

[115] 廖鹏翔. 电子商务平台下中小企业融资模式研究[J]. 农村经济与科技，2016，27（23）：147-148.

[116] 林少群. 互联网金融融资模式剖析——源自中小微企业的P2P和众筹实践[J]. 宏观经济管理，2017（S1）：98-99.

[117] 刘超勇，吴志远. 我国民营中小企业融资难的区域特征分析[J]. 九江学院学报，2015（3）：111-115.

[118] 刘大安，朱泽峰. 国际网络借贷的管理、运作与监管模式[J]. 金融经济，2012（4）：63-64.

[119] 刘佳. 企业金融生态环境建设研究[D]. 成都：西华大学，2010.

[120] 刘瑾. 北京农商银行应对互联网金融的策略研究[D]. 北京：首都经济贸易大学，2014.

[121] 刘靓. 中小企业融资难问题解决方案[D]. 成都：西南财经大学，2013.

[122] 刘璐. 我国中小企业融资模式研究[J]. 绿色财会，2011（2）：3-7.

[123] 刘琦，杨招军. 业绩敏感性债券对资产流动性的影响[J]. 中国管理科学，2017（12）：1-8.

[124] 刘琦. 若干新型融资工具与中小企业投融资分析[D]. 长沙：湖南大学，2018.

[125] 刘涛. 我国金融租赁业发展研究[D]. 成都：西南财经大学，2012.

[126] 刘伟，夏立秋，王一雷. 动态惩罚机制下互联网金融平台行为及监管策

略的演化博弈分析[J]. 系统工程理论与实践，2017，37（5）：1113-1122.

[127] 刘湘云. 中小企业融资力差异与融资制度创新次序[J]. 财贸研究，2003（8）：53-57.

[128] 刘欣. 中小企业发展与融资问题研究[J]. 环渤海经济瞭望，2019（3）：28-29.

[129] 刘新华. 我国中小企业融资理论述评[J]. 经济学家，2005（2）：105-111.

[130] 刘旭彤. 京东供应链金融运作模式研究[D]. 长沙：湖南大学，2016.

[131] 刘钏. 互联网金融模式下的中小企业融资问题分析[J]. 现代经济信息，2015（23）：276.

[132] 刘贞贞. 互联网金融影响下的商业银行的业务改进[J]. 经营管理者，2014，9（5）：18-19.

[133] 刘子源. 中国农村消费金融问题研究[D]. 北京：中共中央党校，2018.

[134] 卢芳. 中小企业股权众筹融资研究——以美宜家连锁酒店股权众筹融资为例[D]. 郑州：河南财经政法大学，2016.

[135] 卢天宇. 论我国股权众筹的法律风险及其防范[D]. 乌鲁木齐：新疆大学，2018.

[136] 鲁其辉. 供应链金融的研究现状与评述[J]. 软科学，2014，28（4）：4.

[137] 罗国锋. 中国风险投资透视[M]. 北京：经济管理出版社，2012.

[138] 罗斯元. 以"电商平台"为核心的互联网金融发展研究[C].劳动保障研究，2009（1）.

[139] 吕薇. 我国区域金融资源分布对中小企业融资的影响研究[D]. 太原：山西财经大学，2017.

[140] 马佳. 供应链金融融资模式分析及风险控制[D]. 天津：天津大学，2008.

[141] 马强. 私募股权融资对中小企业的影响分析[D]. 南昌：江西财经大学，2019.

[142] 马宇熙. 浅论金融生态环境、内部资本市场与企业融资约束关系[J]. 财会

学习，2018（25）：3.

[143] 马运全. P2P网络借贷的发展、风险与行为矫正[J]. 新金融，2014（2）：
46-49.

[144] 苗雨萌. 吉林省中小企业融资问题研究[D]. 长春：吉林大学，2019.

[145] 牛晓菊. 供应链金融模式下商业银行对中小企业的融资应用及其风险问
题研究[D]. 北京：对外经济贸易大学，2017.

[146] 蒲茂强. 当前我国中小企业融资难问题研究——从温州危机谈起[D]. 成
都：西南财经大学，2012.

[147] 齐颖. 中国中小企业发展与建立多层次资本市场体系研究[D]. 哈尔滨：
黑龙江大学，2005.

[148] 乔懿晴. 河南实体企业融资环境研究[J]. 决策咨询，2020（1）：23-25.

[149] 邱晗. 众筹模式下我国中小企业融资问题研究[D]. 武汉：湖北省社会科
学院，2015.

[150] 邱宇. 中小企业融资研究——基于商业银行体系建设的视角[D]. 成都：
西南财经大学. 2011.

[151] 曲晓溪. 我国中小企业私募债融资效率研究[D]. 济南：山东财经大学，
2017.

[152] 阮琳. 关于中小企业融资困境分析及对策研究[J]. 科技经济导刊，2019
（25）：1.

[153] 桑琦. 基于互联网金融的中小企业融资创新研究[D]. 北京：华北电力大
学，2016.

[154] 邵华. 互联网金融模式下中小企业融资问题研究[J]. 现代商业，2015
（17）：81-82.

[155] 申梦雪. P2P网络借贷平台的现状分析及发展展望[J]. 金融创新，2016
（33）：104-106.

[156] 石文慧. 企业融资模式的开拓性思维[J]. 企业管理，2017（8）：119-121.

[157] 宋洋. 中小企业融资信用担保评级体系研究[D]. 济南：山东财经大学，2018.

[158] 苏虹任. 互联网金融理财产品的发展现状及趋势研究[J]. 中国市场，2016，5（18）：110-112.

[159] 随丹，舒良友. 供应链金融及其模式研究综述[J]. 物流科技，2016（7）：124-130.

[160] 孙莞淇. 风险可控条件下的互联网金融发展——以P2P网络借贷平台为例[J]. 金融经济，2019（2）：50-51.

[161] 孙杰. 中小企业融资问题研究[D]. 长春：吉林财经大学，2016.

[162] 孙梦超，肖琳. 股权众筹视角下缓解小微企业融资难题研究[J]. 中国市场，2015（29）：4.

[163] 孙司晴. 中小企业融资的现状及存在的问题探析[J]. 现代营销（经营版），2019（3）：1.

[164] 孙伍琴. 论金融结构与实体经济的适应效率[J]. 管理世界，2004（5）：2.

[165] 塔娜. 河北省中小企业融资困境及对策分析[J]. 农家参谋，2019（17）：1.

[166] 谭雯. 以电商平台为核心的互联网金融发展问题探究[J]. 产业与科技论坛，2018，17（3）：16-17.

[167] 汤曙光,任建标. 银行供应链金融[M]. 北京:中国财政经济出版社,2010：83-112.

[168] 唐彩霞. 金融生态环境与公司治理对中小企业融资约束的缓解作用研究[D]. 柳州：广西科技大学，2019.

[169] 唐福勇. 清科2016年股权众筹将迎来巨大变革[N]. 中国经济时报，2016-3-28（A3）.

[170] 唐海成. 互联网金融模式下的中小企业融资模式存在的问题与对策研究[J]. 经济研究导刊，2017（36）：70-71，136.

[171] 唐建新，陈冬. 银行业市场结构变化与中小企业融资环境分析[J]. 财会通

信，2006（2）：7.

[172] 唐小林. 信用担保与中小企业动态投资研究[D]. 长沙：湖南大学，2018.

[173] 陶青德. 中小企业行政指导政策工具选择研究[D]. 兰州：兰州大学，2018.

[174] 田源. "普遍性违法"与"选择性执法"——中小企业资本监管的困境、改革和遗留问题[D]. 济南：山东大学，2017.

[175] 田泽远. 我国体育产业非公开权益资本的研究[D]. 石家庄：河北师范大学，2016.

[176] 涂静，董泽平. 创新项目股权众筹协调失败的影响因素研究[J]. 企业经济，2017（8）：123-128.

[177] 弯红地. 供应链金融的风险模型分析研究[J]. 经济问题，2008（11）：109-112.

[178] 王婵. 基于供应链金融的中小企业融资模式研究[D]. 天津：天津财经大学，2007.

[179] 王成. 互联网金融模式下中小企业融资问题研究[D]. 沈阳：沈阳大学，2017.

[180] 王传东. 中小企业信用担保问题研究[D]. 泰安：山东农业大学，2006.

[181] 王峰. 供应链金融模式下的中小企业融资研究[J]. 中国商论，2015（18）：74-77.

[182] 王国刚. 建立多层次资本市场体系，保障经济的可持续发展[J]. 财贸经济，2004（4）：5-14.

[183] 王红. 对基于以电商平台为核心的互联网金融的几点探讨[J]. 现代营销，2019（3）：37-38.

[184] 王宏.《中国城市金融生态环境报告》出台[J]. 金融电子化，2005（12）：12.

[185] 王欢欢.中小企业新型融资模式供应链金融研究[J]. 当代经济，2015（24）：

6-7.

[186] 王晶. 基于以电商平台为核心的互联网金融研究[J]. 纳税, 2019, 13（6）: 188.

[187] 王俊. 中小企业融资难如何破题[N]. 光华时报, 2017-08-18（3）.

[188] 王俊馨. 区域经济生态对中小企业融资的影响研究[D]. 太原: 山西财经大学, 2017.

[189] 王曼曼. 民营中小企业融资困境及解决路径[D]. 长沙: 湖南大学, 2017.

[190] 王宁宁. 融资约束视角下供应链集中度对中小企业投资效率的影响研究[D]. 西安: 西安理工大学, 2019.

[191] 王群琳. 多种途径解决我国民营企业融资问题[J]. 财经理论与实践, 2003, （2）: 73-75.

[192] 王姝昕. 经济新常态下我国中小企业发展研究[D]. 沈阳: 沈阳工业大学, 2019.

[193] 王卫军. 基于开发性金融的中小企业融资研究[D]. 成都: 西南交通大学, 2013.

[194] 王小丽, 丁博. P2P网络借贷的分析及其策略建议[J]. 银行业经营管理, 2013（3）: 30-35.

[195] 王晓丹. 我国促进中小型外贸企业发展及保障机制研究[D]. 长春: 东北师范大学, 2016.

[196] 王兴. 中小企业供应链金融案例研究[D]. 沈阳: 辽宁大学, 2013.

[197] 王羽洁. 互联网金融模式下中小企业融资路径分析[J]. 商场现代, 2018（1）: 123-124.

[198] 王钰涵. 互联网金融环境下的中小企业融资困境及对策[J]. 市场论坛, 2017（9）: 54-56, 60.

[199] 王志辉. 金融生态系统演化研究[D]. 长春: 吉林大学, 2018.

[200] 王志君. 中小企业融资难的金融对策探讨[J]. 经济纵横, 2019（13）:

202-205.

[201] 王子. 中国中小企业融资问题研究[D]. 西安：长安大学，2019.

[202] 魏开文. 中小企业融资效率模糊分析[J]. 金融研究，2001（6）：67-74.

[203] 吴庆田. 金融效率视角下的农村金融生态环境优化研究[D]. 长沙：中南大学，2011.

[204] 吴晓梅. 社会资本再生产理论中国化研究[D]. 兰州：兰州大学，2013.

[205] 吴桢. 金融生态环境影响金融主体发展的区域差异研究[D]. 兰州：兰州大学，2015.

[206] 吴志远. 基于区域视角的中小企业融资难分析[J]. 经济师，2014（12）：9-10.

[207] 伍锦峰. 互联网金融服务小微企业融资的模式研究[D]. 长沙：湖南师范大学，2019.

[208] 武宏波. 信息不对称、制度边界与山西中小企业投融资体系研究[D]. 太原：山西财经大学，2013.

[209] 夏泰凤，金雪军. 供应链金融解困中小企业融资难的优势分析[J]. 商业研究，2011（6）：128-133.

[210] 夏泰凤. 基于中小企业融资视角的供应链金融研究[D]. 杭州：浙江大学，2011.

[211] 肖迪. 供应链预付款融资模式与优化策略[J]. 经济社会体制比较，2014（3）：83-87.

[212] 肖文. 纾解中小企业融资困境三问[N]. 光明日报，2015-10-29（16）.

[213] 谢蕾. P2P网络借贷平台促进中小企业融资的发展研究[D]. 南昌：南昌大学，2019.

[214] 谢梅英. 双创环境下中小企业股权众筹融资发展研究[J]. 中国乡镇企业会计，2018（2）：38-42.

[215] 谢平，邹传伟，刘海二. 互联网金融手册[M]. 北京：中国人民大学出版

社，2014.

[216] 谢平，邹传伟. 互联网金融模式研究[J]. 金融研究，2012（12）：11-22.

[217] 谢世清，何彬. 国际供应链金融三种典型模式分析[J]. 经济理论与经济管理，2013（4）：80-86.

[218] 邢秀青，岑玢，高春艳. 融资租赁业发展与中小企业融资分析[J]. 价值工程，2018（7）：122-123.

[219] 徐荣. 基于融资视角的中小企业商业联盟研究[D]. 北京：中国农业大学，2018.

[220] 徐沅钤. "互联网＋"下金融消费者权益保护的实证研究——以P2P为例[J]. 企业管理，2016（3）：71-80.

[221] 许亚岚.27万亿市场 供应链金融发力中小企业[J]. 经济,2019(5)：82-87.

[222] 薛钰显. 河北省中小企业信用担保服务中心发展战略研究[D]. 天津：河北工业大学，2013.

[223] 闫冰竹. 互联网时代的金融业发展[J]. 中国金融，2014（8）：37-39.

[224] 闫俊宏，许祥秦. 基于供应链金融的中小企业融资模式分析[J]. 上海金融，2007（2）：14-16.

[225] 晏志勇. 基于互联网金融模式的中小企业融资问题研究[J]. 现代经济信息，2016（23）：317.

[226] 杨东. 数字经济时代互联网股权融资发展与自律规范的标杆性意义[N]. 金融时报—中国金融新闻网，2017-10-24.

[227] 杨利超. 基于供应链金融的我国中小企业融资问题研究[D]. 乌鲁木齐：新疆财经大学，2015.

[228] 杨凌云. 互联网金融模式下中小企业融资问题研究[J]. 中国商论，2016（2）：88-90.

[229] 杨雯锦. 基于互联网金融平台P2P的风险治理[J]. 时代金融，2018（32）：41-43.

[230] 杨希. 风险投资对中小企业经营绩效的事前效应与事后效应实证研究 [D]. 哈尔滨：哈尔滨工业大学，2017.

[231] 杨总. 供应链金融破解中小企业融资困境研究[D]. 合肥：安徽大学，2019.

[232] 伊杞月. 中小企业融资难研究[D]. 成都：西南财经大学，2012.

[233] 尹建荣. 中小企业融资问题探讨[J]. 财会通讯，2015（3）：18-19.

[234] 雍智. 债券市场发展与中小企业融资关系研究[D]. 济南：山东大学，2019.

[235] 尤瑞章，张晓霞. P2P在线借贷的中外比较分析——兼论对我国的启示[J]. 金融发展评论，2010（3）：97-105.

[236] 喻小军，金希. 中、美中小企业金融成长周期的融资结构比较[J]. 武汉理工大学学报，2005（6）：107-109.

[237] 袁丛立. 经济新常态下中小企业融资的问题与对策探讨[J]. 经贸实践，2016（7）：85.

[238] 占永志. 供应链金融平台双边利率定价研究[D]. 泉州：华侨大学，2018.

[239] 张斌. 当前我国中小企业融资解决路径[D]. 广州：华南理工大学，2011.

[240] 张丹. 供应链金融对中小企业融资约束的缓解效应研究[D]. 济南：山东大学，2017.

[241] 张光芝. 我国创业投资基金运作中存在的相关问题研究[J]. 商讯，2019（34）：88，96.

[242] 张浩. 基于博弈树实证分析中小企业融资困难的原因[D]. 郑州：郑州大学，2017.

[243] 张捷. 中小企业金融成长周期与融资结构变化[J]. 世界经济，2002（96）：63.

[244] 张萍香，邓美珍，张清凡. 互联网金融模式下福州新区中小企业融资对策研究[J]. 北京城市学院学报，2017（5）：75-79.

[245] 张珊珊. 基于融资租赁视角的我国中小企业融资问题浅析[J]. 市场研究，2019（10）：3.

[246] 张世磊. 中国创业投资公司绩效评价体系研究[D]. 北京：财政部财政科学研究所，2013.

[247] 张维. 基于互联网金融背景的吉林省中小企业融资问题研究[J]. 现代营销（下旬刊），2017（5）：204-205.

[248] 张晓宁. 互联网金融缓解中小企业融资约束的探究[D]. 上海：上海外国语大学，2019.

[249] 张雁翎. 民营企业融资方式比较研究[J]. 现代管理科学，2003（2）：25-27.

[250] 张长琦. 化解中小企业融资难的方案设计[J]. 南方金融，2007（6）：62-64.

[251] 张卓琳. 中小企业信用担保机构有效运行模式研究[D]. 长沙：中南大学，2005.

[252] 赵航. 关于对互联网金融模式下中小企业融资问题的概述[J]. 商场现代，2018（1）：119-120.

[253] 赵洪涛. 五位一体融资模式创新解决中小企业融资难题[J]. 金融理论与实践，2007（7）：49-50.

[254] 赵彧，杜惠先. 基于生命周期的企业融资战略探讨[J]. 财经视线，2013（5）：77-78.

[255] 赵望宇. 互联网金融模式下的中小企业融资问题[J]. 现代商业，2016（7）：54-55.

[256] 赵小莉. 我国不同P2P平台系中小企业贷投融资行为的比较研究[D]. 西安：陕西师范大学，2016.

[257] 浙江财经学院课题组. 论浙江省中小企业发展中的金融支持[J]. 浙江学刊，2001（3）：144-147.

[258] 郑朝文. 中小企业融资中存在的问题研究[D]. 昆明：云南大学，2014.

[259] 郑伟东. 我国中小企业融资能力差异研究[J]. 时代金融，2017（23）：

153-154.

[260] 钟宗. 我国中小企业融资困境与对策研究[D]. 昆明：云南大学，2012.

[261] 周佳. 基于互联网金融模式的中小企业融资问题探析[J]. 现代商业，2016
（36）：71-72.

[262] 周晓丹. 中小企业融资困境的关系融资视角分析[D]. 济南：山东大学，
2016.

[263] 周钊宇. 互联网供应链金融博弈分析[D]. 北京：中共中央党校，2017.

[264] 朱晨阳. 我国中小企业融资问题探析[J]. 中共郑州市委党校学报，2017
（4）：34-36.

[265] 朱珺，蔡珉. 我国民间金融的发展现状及规范化管理——以P2P网络借贷
平台为例[J]. 中国市场，2013（18）：71-73.

[266] 朱明君. 基于动态资本结构理论的科技型中小企业资本结构研究[D]. 上
海：东华大学，2018.

[267] 朱然. 基于互联网金融模式的中小企业融资问题研究[C]//今日财富杂志
社.2016年第二届今日财富论坛论文集，2016：2.

[268] 朱小燕. 我国P2P行业风险分析[J]. 时代经贸，2016（27）：41-46.

[269] 邹武平. 基于供应链金融的中小企业融资探讨[J]. 商业会计， 2009
（17）：12-13.

[270] 陈建波. 资本市场对中小企业融资效率研究[D]. 北京：中央党校，2019.

[271] 邢凯悦，李浩源，邸营凤. 数字普惠金融缓解中小企业融资困境的优势
与建议[J]. 投资与创业，2021（20）：7-9.

[272] 张建，徐丽君，王静. 财政政策支持中小企业融资以辽宁为例[D]. 沈阳：
沈阳大学，2021.

后　记

　　本书是在我博士论文的基础上修改整理而成的。中国社会科学院研究生院的三年求学生涯，成为我人生宝贵的经历和财富。宁静优美的校园，辛勤耕耘的老师，青春洋溢的同学们仍时常出现在我的梦里。值此书付梓，让我向所有关爱和支持我的老师、同学及亲人们表示诚挚的感谢和衷心的祝福。

　　首先，非常感谢李扬老师对我博士论文的精心指导。李老师渊博的知识、严谨的治学态度、平实的处事作风不仅拓展了我研究问题的层次和视野，在学术上给我许多具体的建议和指导，而且对我的人生观、价值观、今后的工作和生活产生了深远的影响。每一次与李老师的见面和汇报交流，均令我受益匪浅，先生的言传身教使我受益终生。

　　其次，感谢中国社科院研究生院黄晓勇院长，中央政策研究室李连仲教授、李欣欣教授、中国社会科学院剧锦文教授、谭祖谊教授、胡建忠教授、郑秉文教授、文学国教授、曲永义教授、闫坤教授、张菀洺教授，特别感谢引领和鼓励我考博读博的中国社会科学院周茂清教授、蔡真教授、唐红娟博士，国家金融与发展实验室曾刚教授、胡志浩教授、刘伟老师，感谢我的同学崔红蕊、李姗晏、张冰倩等在数据收集、写作、修改、编辑过程中给予的积极协助和大力支持。

　　各位老师严谨的治学风格、渊博的知识体系和亲切谦逊的作风让我在浓厚的学习氛围中汲取了丰富的营养，明白了人生为学的重大意义。各位同学给予的细致周到的关怀让我感受到了深厚珍贵的友谊，给我无限的温暖和快乐。

特别感谢我的母亲李秀英女士，在我求学写作的日子里，是她日夜辛劳，替我照顾孩子，操持家务，支持和鼓励我完成学业。在整理书稿时，又鼓励我戒骄戒躁，耐心细致，母亲的理解和支持为我专心学习和研究创造了条件，给了我不断前进的力量。

特别感谢燕山大学出版社董世非副社长、裴立超主任、张岳洪编辑，他们周到的安排和细致的工作让我的书更加完美，能够更好地满足社会需要。

感谢本书引用过的文献作者们，他们的研究成果打开了我的视野，提供了良好的参考和借鉴。感谢所有支持和帮助我的老师、朋友和亲人们，在此恭祝大家永远幸福、平安！

鉴于自己学识有限，书中尚有诸多不足之处，敬请指正。

陈艳霞

2022年5月